EINFACH – LECKER – SCHNELL

VEGAN

VOLL

DAS KOCHBUCH FÜR VEGINNER:INNEN

VOLL PFLANZLICH

Die besten Partys fangen in der Küche an – auch die auf dem Teller! VOLL VEGAN hat vielfältige pflanzliche Rezepte am Start, lässt es mit kulinarischer Abwechslung krachen – und feiert eine junge, aufregende Ernährung ohne Firlefanz! Mit dem VOLL VEGAN-Buch möchten wir Sie nicht nur ermuntern, es mit der veganen Lebensweise ein paar Tage oder Wochen, einen Monat oder sogar länger zu versuchen. Nein, wir möchten Sie begeistern, denn hier geht es schließlich in erster Linie um Ihren Gaumen.

VOLL VEGAN – das heißt auch: prallvoll mit einfach zubereiteten köstlichen Snacks, Sattmacher-Haupt-gerichten und unwiderstehlichen Desserts. Egal, ob Sie den Kochlöffel als Anfänger:in oder Profi schwingen, unsere Rezepte sind absolut alltagstauglich und gelingen im Nu. Tipps zur Zubereitung sowie Wissenswertes über Burger und Backzutaten, Marinaden und Saucen, Pflanzendrinks und Vorratshaltung garnieren das Ganze wie ein Sojacremehäubchen. Und selbstverständlich meinen wir bei allen Produktbezeichnungen und Rezept-titeln in diesem Buch, die an Klassiker tierischen Ursprungs erinnern, immer die vegane Alternative.

Gönnen Sie sich den VOLL VEGAN-Genuss! Wir wünschen Ihnen ganz viel Spaß dabei.

Sie wollen noch mehr? Unseren veganen Wochenplan finden Sie hier: edeka.de/wochenplan

VOLL VEGAN

Warum kompliziert, wenn's auch einfach geht? Hier eine kleine Gebrauchsanweisung, wie Sie das Beste aus Ihrem VOLL VEGAN-Exemplar herausholen. Denn neben Rezepten haben wir das Buch noch mit allerlei Tipps und Hinweisen versehen.

TIPP Unter den Anleitungen finden Sie wertvolle Hinweise zur Zubereitung und zu alternativen Zutaten. Zum Beispiel, wie Waffeln besonders knusprig werden oder welches Pflanzenöl ein schönes Butteraroma hat.

Das Rezept gibt's auf S. 151

VERLINKT
Bei vielen Rezepten gibt es Verweise zu passenden Rezepten im Buch.

Wussten Sie schon ...? Auf den Rezeptbildern haben wir Infos und Fun Facts zu unseren Gerichten verteilt.

Noch mehr vegane Rezepte mit Video-Anleitung gibt's unter diesem Symbol

Damit nichts wegkommt, finden Sie im Buch Tipps zur Reste-verwertung: **S. 40**

GLUTENFREI
Getreidearten wie Hirse, Mais oder Reis, aber auch sogenannte „Pseudogetreide" (Quinoa, Amaranth, Buchweizen) sind immer glutenfrei – glutenfreie Rezepte sind mit der durchgestrichenen Ähre gekennzeichnet.

WAS IST WAS?
„kcal" steht für Kilokalorie, „E" für Eiweiß, „F" für Fett und „KH" für Kohlenhydrate.

ZUBEREITUNG	UTENSILIEN	ANZAHL	NÄHRWERTE
z. B. ca. 1 Stunde	z. B. Mixer, Messbecher, Muskatreibe	z. B. 4 Stück	z. B. ca. 77 kcal, 10 g E, 4 g F, 12 g KH

INHALT

VORWEG

Sie sich für die vegane Küche begeistern: Wir starten zuerst einmal mit ein paar Grundlagen.

VEGAN

VITAMIN B2
unterstützt den Energie-
stoffwechsel. Es steckt in
Kürbiskernen, Mandeln
oder Vollkorngetreide.

EISEN
aus grünem Blatt-
gemüse, Samen, Nüssen
und Hülsenfrüchten
trägt zur Bildung roter
Blutkörperchen bei.

PROTEIN
hilft beim Erhalt der
Muskelmasse. Es steckt
beispielsweise in
Erbsen, Edamame
und Tofu.

SELEN
unterstützt ebenfalls
das Immunsystem
und die Schild-
drüsenfunktion. Wir
bekommen es aus
Paranüssen, Kohl
oder Spargel.

**OMEGA-3-
FETTSÄUREN**
tragen zur Aufrechter-
haltung eines normalen
Cholesterinspiegels bei.
Sie sind in Walnüssen,
Chiasamen oder
Rapsöl enthalten.

ZINK
trägt zu einer guten Funktion
des Immunsystems bei und
steckt in Vollkornprodukten,
Hülsenfrüchten oder Nüssen.

VITAMIN D
ist wichtig für den
Erhalt der Knochen
und steckt zum Beispiel
in Champignons und
Pfifferlingen.

JOD
hilft unserer Schild-
drüse, Hormone
zu produzieren.
Wir bekommen es
aus Algensorten,
Erdnüssen oder
Champignons.

KALZIUM
stärkt Knochen und
Zähne und ist in Pak
Choi, Brokkoli oder
Grünkohl enthalten.

GRÜNE KÜCHE MIT KÖPFCHEN

Achim Sam ist Ernährungswissenschaftler, Buchautor und Host des
EDEKA-Podcasts "ISS SO".

"Ich komme aus einer Metzgerfamilie. Mettigel und
Schweineschnitzel waren mein täglich Brot, die
Wursttheke quasi mein Kinderzimmer. Als Schüler
hatte ich einen Body-Mass-Index wie Buddha. Kein
Wunder. Bei mir kam die Wende mit meiner Freundin:
einer topfitten Veganerin. Sie brachte Farbe in mein
Leben und in unsere Küche. Und das war höchste
Eisenbahn. Denn vegan ist eine super Sache: Für
die Gesundheit, die Seele und für den Globus! Eine
Studie des WWF* ergab, dass sich der Bedarf an
landwirtschaftlichen Flächen bei einer veganen
Ernährung um fast 50 Prozent verringert. Analog
dazu reduzieren sich auch ernährungsbedingte
Treibhausgasemissionen, die bei pflanzlichen
Lebensmitteln wesentlich geringer sind als bei
tierischen. Die Nachfrage nach Fleischersatz-
Produkten steigt also nicht umsonst
immer steiler an.
Und keine Sorge: Wer spontan auf
vegan umstellt, riskiert nicht gleich
eine Unterversorgung. Allerdings
habe auch ich eine kleine Reise
hinter mir und möchte überhaste-
ten Full-Speed-Veganer:innen
einen Rat geben: Das Umstellen

WICHTIGSTE SERVIER-EMPFEHLUNG VON MIR: EAT THE RAINBOW!

– ACHIM SAM –

SMARTER ESSEN
Ernährungswissenschaftler
Achim Sam weiß wie wir
uns gesund, lecker und
ausgewogen ernähren.

**DENN VEGAN
IST EINE SUPER
SACHE: FÜR DIE
GESUNDHEIT, DIE
SEELE UND FÜR
DEN GLOBUS!**

von Rot auf Grün, von Fleisch auf Pflanze sollte mit
Bedacht und ganz viel Abwechslung geschehen.
Wer sich nur noch von Pommes, Puffreis und Soja-
Pudding-Alternative ernährt, dem können auf Dauer
wichtige Nährstoffe durchrutschen:
Vitamin B_{12}, Eisen und Omega-3-
Fettsäuren zum Beispiel sind in
pflanzlichen Lebensmitteln
Mangelware. Das gilt übrigens für
jede Form unausgewogener
Ernährung, ob mit oder ohne
tierische Produkte. Langzeitvega-
ner:innen sollten darum wissen, wie
sie ihren Nährstoffbedarf decken.
Wichtigste Servierempfehlung von mir: Eat the
Rainbow! Immer schön Regenbogenfarben essen!
Denn bunt ist gesund! Also nicht nur auf Salatkopf
um-, sondern den eigenen Kopf anschalten! Dann
können Sie mit allen Sinnen einfach nur genießen."

ISS SO
Der Ernährungspodcast
von Achim Sam, präsentiert
von EDEKA.

*www.wwf.de/fileadmin/fm-wwf/Publikationen-PDF/kulinarische-kompass-klima.pdf

VORRAT

Lieber haben als brauchen, oder? Das gilt auch für die vegane Küche! Mit diesen Basics pimpen Sie im Nu Ihre Speisekammer – und haben immer alle Grundzutaten für voll pflanzliches Soulfood parat.

OLIVENÖL

REIS & NUDELN

Einfach die besten Sattmacher! Teigwaren wie Vollkornpasta, aber auch das „Supergetreide" Reis sind die heimlichen Stars im Vorrat.

SPAGHETTI

ESSIG & ÖL

Zum Anmachen, Abschmecken, Dünsten und Braten sind fruchtige Essige und hochwertige Pflanzenöle (z. B. aus Oliven, Raps) unverzichtbar.

CANNELLONI

EDEKA Bio

CONDIMENTO BIANCO

BIO

500 r

ESSIG

REIS

PENNE

ROGGENMEHL

PANIERMEHL

BALSAMICO

SALZ & PFEFFER

GEWÜRZE

HAFER FLOCKEN

GUT & GÜNSTIG

aus vollem Korn

HAFER FLOCKEN
extra zart

500g

SAUCEN & DIPS

Sojasauce, Tahin, Erdnusscreme
und vegane Mayonnaise veredeln
Saucen, Dips und Hummus.
Geöffnete Nusscremes und vegane
Mayo im Kühlschrank lagern.

MEHL & GETREIDE

Je länger, je lieber: Helle
Mehlsorten sind bis zu
18 Monate haltbar, Hafer
oder Roggen sogar bis
zu vier Jahre.

HÜLSENFRÜCHTE

Konservierte und getrocknete
Hülsenfrüchte wie Erbsen,
Kichererbsen, Bohnen und
Linsen sind vielfältig und gute
Eiweißlieferanten. Kühl und
trocken gelagert, halten sie
sich über ein Jahr.

SOJASAUCE

LEINSAMEN

ROTE LINSEN

VEGANE MAYONNAISE

KICHERERBSEN

KIDNEYBOHNEN

ALTERNATIV

Große Auswahl, riesiger Geschmack:
Es macht großen Spaß, die unterschiedlichsten
Zutaten der veganen Küche auszuprobieren
und immer wieder neu zu kombinieren.
Probieren Sie es aus!

KÜRBISKERNE

ERDNUSSMUS

NÜSSE

Alles andere als Peanuts:
Für Cremes, Quarks,
Joghurts und sogar Sahne
gibt es echt überzeugende
Alternativen aus Samen,
Kernen oder Nüssen.

TAHIN (SESAMMUS)

MANDELMUS

MUS & CREMES

Wussten Sie schon, dass bei
vielen Brat- oder Backrezepten
3 TL Nussmus, verquirlt mit 60 ml
Pflanzendrink, ein Ei ersetzen?

SONNENBLUMENKERNE

WALNÜSSE

CASHEWKERNE

APFELMARK

BACKHELFER

Während Apfelmark oder
-mus hervorragende
Bindemittel sind, ersetzen
Agavendicksaft oder Sirupe
Honig und sorgen für
pflanzliche Süße.

DATTELSIRUP

AHORNSIRUP

AGAVENDICKSAFT

MANDELN

EDEKA
Kalifornische Mandeln
NATURBELASSEN, GANZE KERNE

ve happy Mandel Drink ungesüßt

HAFERDRINK

MANDELDRINK

SOJAGHURT

LIEBLINGS-PRODUKTE

Authentisch im Geschmack und überraschend vollmundig: Pflanzliche Alternativen für Molkereiprodukte oder auch Fleisch werden immer beliebter.

VEGANER SCHNITZEL-ERSATZ

VEGANE BURGER-PATTIES

MARINIERTER TOFU

EDEKA Bio natürlich vegan. TOFU GERÄUCHERT

350 g (2 x 175 g)

GERÄUCHERTER TOFU

VEGANER KÄSE-ERSATZ

KRÄUTER-BROTAUFSTRICH

VEGANER EI-ERSATZ

ve happy 100% VEGAN 50g BIO Ei-Ersatz, herzhaft gewürzt. Ideal für veganes Rührei & Omelett Basis: Kichererbsenmehl

NACHHALTIGER

Es gibt viele gute und leckere Gründe, vegan zu leben. Mit unseren Rezepten präsentieren wir Ihnen hier mehr als 100. Wirklich nachhaltiger wird es allerdings erst, wenn man auch darauf achtet, wo und wie vegane Produkte hergestellt wurden.

KLIMA-HELD:IN

Wie man das wird? Indem man sich beim Einkauf ein paar wichtige Fragen stellt: Welche Entfernung hat das Produkt zurückgelegt? Hat es in meinem Breitengrad Saison? Ist die Herstellung ökologisch und ethisch vertretbar? Wo kommen die Zutaten und Zusatzstoffe her? Wie ist es verpackt? Natürlich kann das niemand von uns zu jeder Zeit immer erfüllen. Aber jeder kleine Schritt in die richtige Richtung zählt.

TOP 5 DER ALTERNATIV-PRODUKTE

Am beliebtesten sind nach einer Statista-Umfrage von 2022 Alternativen für Fleisch und Wurst (76 %), gefolgt von Milch- und Molkereiprodukten (72 %), Süßwaren (44 %), Fertiggerichten (27 %) und Fisch (14 %).[1]

1,4

MILLIONEN

Menschen in Deutschland ernährten sich 2021 laut einer Umfrage des Allensbach-Instituts vegan.[2]

VEGANE ERNÄHRUNGSPYRAMIDE

GENUSSMITTEL
Süßigkeiten, Snacks und alkoholische Drinks sind „Mood Food" und bilden als vegane Varianten die Spitze der Pyramide.

FETTE & ÖLE
Mit pflanzlichen Ölen aus Raps, Oliven und Walnüssen bekommen Veganer:innen ihr gesundes Fett weg.

EIWEISS
Vegane Proteinlieferanten wie Hülsenfrüchte, Tofu und Nüsse liefern Eiweiß für unsere Muskeln.

KOHLENHYDRATE
Vollkorngetreide, -brot, Reis und Kartoffeln sind die Quelle für gesunde Energielieferanten.

OBST & GEMÜSE
Obst und Gemüse bilden in der veganen, wie in allen anderen Ernährungsformen auch, die Basis.

¹PwC, Deutschland 2021, 1.001 Befragte, ab 18 Jahre   ²IfD Allensbach, Deutschland 2022, Befragte ab 14 Jahre   ³POSpulse, Deutschland 2020, 58 Befragte
⁴EARSandEYES, Deutschland 2020, 1.000 Befragte, 16–69 Jahre   ⁵Veganuary, Weltweit 2021, 43.983 Befragte   ⁶Destatis/StBA, Deutschland 2022

RICHTIGE RICHTUNG

Der bekannte Wissenschaftsjournalist und TV-Moderator **Dirk Steffens** ist unser EDEKA-Experte für Nachhaltigkeit. Er berät uns in Klima- und Umweltfragen und engagiert sich als Deutschland-Botschafter des WWF.

DER GROSSTEIL ALLER ÄCKER UND WEIDEN WIRD NUR FÜR DIE FLEISCHPRODUKTION GENUTZT.

"Wollen wir Artensterben und Klimakrise in den Griff bekommen, gibt es nichts Wichtigeres, als weniger Fleisch zu produzieren und die Landwirtschaft nachhaltiger zu machen. Ich spreche hier gern von ‚Fleisch frisst Fläche': Der Großteil aller Äcker und Weiden wird nur für die Fleischproduktion genutzt. Das ist schlecht fürs Klima, für die Artenvielfalt, die Bekämpfung des Hungers und die Tiere. Diese Probleme ließen sich lindern, wenn wir öfter auf tierische Lebensmittel verzichten würden. Eine vegane Ernährung ist im Kampf gegen Hunger und Umweltzerstörung der Königsweg, aber im Moment noch nicht für jeden und jede von uns gangbar. Bis es soweit ist, freue ich mich über jeden kleinen Schritt in Richtung Nachhaltigkeit. Und jedes Rezept, das Sie aus diesem Buch ausprobieren und genießen, ist einer in die richtige Richtung."

DIE GRÜNDE FÜR VEGANE ERNÄHRUNG³

81 PROZENT Ich möchte weniger Tierleid verursachen.

78 PROZENT Für meine Gesundheit.

67 PROZENT Allgemein, um der Umwelt weniger zu schaden.

57 PROZENT Für einen geringeren CO₂-Fußabdruck.

50 PROZENT Ich ernähre mich so bewusster.

48 PROZENT Ich habe ein besseres Gewissen.

47 PROZENT Für einen geringeren Wasserverbrauch.

22 PROZENT Tierische Produkte schmecken mir nicht.

12 PROZENT Um weniger Geld auzugeben.

3 PROZENT Sonstiges

24 PROZENT der vegan lebenden Menschen geben an, dass sie ihren Lebensstil nie rechtfertigen oder erklären müssen.⁴

40 PROZENT derjenigen, die am Veganuary teilgenommen haben, möchten sich auch weiterhin vegan ernähren.⁵

62 PROZENT mehr Fleischersatzprodukte wurden im Jahr 2021 gegenüber dem Jahr 2019 in Deutschland produziert.⁶

MORGENS

WAFFELN – PANCAKES – SMOOTHIES – DRINKS – BURRITOS – BROTE

Rezepte für

23

Sonnenaufgangs-Momente

Gehören Sie zu den frühen Vögeln oder eher zum Typ Morgenmuffel? Ob Sie Kickstarter:in sind oder es gemütlich angehen lassen: Unsere Frühstücksideen machen Laune!

FRENCH TOAST

– MIT MANGO UND HIMBEERE –

FÜR 4 PORTIONEN

50 g	**Kichererbsenmehl**
125 ml	**Sojadrink (Natur)**
1 TL	**fein abger. Bio-Limettenschale**
2 EL	**Kokosblütenzucker**
4 Scheiben	**Kastenweißbrot vom Vortag**
2 EL	**vegane Margarine**
150 g	**Mangowürfel (frisch oder TK)**
2 EL	**Limettensaft**
150 g	**Kokosghurt**
100 g	**Himbeeren**

1 Kichererbsenmehl, Sojadrink, Limettenschale und 1 EL Kokosblütenzucker gut miteinander verrühren. Die Brotscheiben nebeneinander in eine flache Form legen und mit der Sojadrink-Mischung übergießen, sodass sie von allen Seiten gut bedeckt sind.

2 Die Margarine in einer beschichteten Pfanne erhitzen. Die getränkten Brotscheiben in die Pfanne geben und bei mittlerer Hitze auf einer Seite 2–3 Minuten goldbraun braten. Dann vorsichtig wenden und weitere 2–3 Minuten braten.

3 Mangowürfel, Limettensaft und den restlichen Kokosblütenzucker mit dem Pürierstab fein mixen. Den Kokosghurt glatt rühren. Die Himbeeren verlesen. Die Brotscheiben mit Kokosghurt, Mangopüree und Himbeeren servieren.

TIPP Die Brotscheiben möglichst dick schneiden, damit sie in der Sojadrink-Mischung und beim anschließenden Braten nicht zerfallen.

MORGENS

ZUBEREITUNG	UTENSILIEN	ANZAHL	NÄHRWERTE
ca. 25 Minuten	flache Form, beschichtete Pfanne, Pürierstab	4 Portionen	pro Portion ca. 308 kcal, 7 g E, 28 g F, 36 g KH

MOHN-PANCAKES

– MIT HEIDELBEEREN –

FÜR 4 PORTIONEN

50 ml	**Apfelmark**
120 ml	**Ahornsirup**
1 ½ EL	**Zitronensaft**
380 ml	**Sojadrink (Natur)**
350 g	**Dinkelmehl (Type 630)**
1 TL	**Natron**
2 TL	**Weinstein-Backpulver**
1 Prise	**Salz**
25 g	**gemahlener Mohn**
200 g	**Heidelbeeren**

Außerdem:

**Rapsöl zum Braten
evtl. Minzblättchen
zum Garnieren**

1 Das Apfelmark, 2 EL Ahornsirup, Zitronensaft und Sojadrink mit einem Schneebesen verrühren. Dinkelmehl, Natron, Backpulver, Salz und Mohn mischen. Die Sojadrink-Mischung zügig unterrühren. Die Heidelbeeren verlesen, waschen und abtropfen lassen.

2 Den Ofen auf 100 Grad vorheizen. Eine beschichtete Pfanne erhitzen, dünn mit Öl auspinseln. Den Teig portionsweise in die Pfanne gießen, ca. 2 EL Teig pro Pancake und 3–4 Stück pro Pfanne. Jeweils mit einigen Heidelbeeren bestreuen und ca. 2 Minuten braten, bis die Oberfläche Blasen wirft und leicht antrocknet. Dann die Pancakes mit einem Pfannenwender vorsichtig vom Pfannenboden lösen, wenden und 1–2 Minuten von der anderen Seite braten.

3 Die fertigen Pancakes auf einem mit Backpapier belegten Backblech im Ofen warm halten. Pancakes mit den restlichen frischen Heidelbeeren und dem restlichen Ahornsirup servieren. Nach Belieben mit Minzblättchen garnieren.

ZUBEREITUNG	UTENSILIEN	ANZAHL	NÄHRWERTE
ca. 25 Minuten	Schneebesen, beschichtete Pfanne, Küchenpinsel, Pfannenwender	4 Portionen	pro Portion ca. 483 kcal, 18 g E, 10 g F, 77 g KH

„SCHOKO"-MANDEL-CREME

HASELNUSS-AUFSTRICH

„SCHOKO"-MANDEL-CREME

FÜR 2 GLÄSER (À CA. 200 ML)

- 100 g vegane Zartbitterschokolade (70 % Kakao) • 50 g braunes Mandelmus
- ¼ TL Zimtpulver • 1 EL Ahornsirup
- Salz • 125 ml vegane Schlagcreme
- 2 EL Kakaonibs

1 Die Schokolade hacken und in einer Metallschüssel über einem heißen Wasserbad schmelzen, dabei mehrfach umrühren, damit die Schokolade gleichmäßig schmilzt. Die Schüssel beiseitestellen und die Schokolade etwas abkühlen lassen.

2 Mandelmus, Zimtpulver, Ahornsirup und 1 Prise Salz nach und nach unter die Schokolade rühren. Zum Schluss die Schlagcreme und die Kakaonibs unterrühren.

3 Die Creme in 2 vorbereitete Twist-off-Gläser füllen und fest verschließen. Dann mindestens 2 Stunden kalt stellen, bevor sie streichfähig ist. Im Kühlschrank hält sich die Schoko-Mandel-Creme ca. 10 Tage.

ZUBEREITUNG: ca. 20 Minuten + Kühlzeit
NÄHRWERTE: pro Portion (20 g) ca. 84 kcal, 2 g E, 6 g F, 5 g KH
UTENSILIEN: Metallschüssel, 2 Twist-off-Gläser

HASELNUSS-AUFSTRICH

FÜR 2 GLÄSER (À CA. 200 ML)

- 150 g Haselnusskerne • 2 EL Ahornsirup
- 125–140 ml Haselnussdrink
- 1 EL geschroteter Leinsamen
- 1 Msp. Zimtpulver • ½ TL Vanillepaste
- 1 EL Haselnussmus • ¼ TL Meersalzflocken

1 Den Ofen auf 190 Grad vorheizen. Nüsse auf ein Backblech geben und im heißen Backofen auf der mittleren Schiene 8–10 Minuten rösten. Die Nüsse danach auf ein Geschirrtuch geben, fest mit dem Tuch einschlagen und durch kräftiges Reiben die Häute entfernen. Die Nüsse anschließend vollständig abkühlen lassen.

2 Die Nüsse, Ahornsirup und 125 ml Haselnussdrink in einem Mixer sehr fein pürieren. Leinsamen, Zimtpulver, Vanillepaste, Nussmus und Meersalzflocken dazugeben und auf höchster Stufe weitermixen, bis eine glatte Creme entsteht. Falls die Creme zu fest ist, noch ca. 1 EL Haselnussdrink untermixen. In 2 vorbereitete Twist-off-Gläser füllen. Im Kühlschrank hält sich der Haselnuss-Aufstrich ca. 7–8 Tage.

ZUBEREITUNG: ca. 20 Minuten + Abkühlzeit
NÄHRWERTE: pro Portion (20 g) ca. 33 kcal, 1 g E, 2 g F, 2 g KH
UTENSILIEN: Backblech, Mixer, 2 Twist-off-Gläser

MORGENS

SONNTAGSBRÖTCHEN

– MIT MÖHREN-LINSEN-AUFSTRICH –

FÜR 10 STÜCK

Für den Möhren-Linsen-Aufstrich:

100 g	**rote Linsen**
250 g	**Möhren**
1	**Zwiebel**
2 EL	**Olivenöl**
	Salz, Pfeffer
¼ TL	**Pul Biber (türkische Gewürzmischung; alternativ: Chiliflocken)**
¼ TL	**Kreuzkümmel, gemahlen**
1 TL	**Tomatenmark**
50 g	**getrocknete Tomaten (in Öl)**

Für die Brötchen:

20 g	**frische Hefe**
1 TL	**Zucker**
400 g	**Dinkelmehl (Type 630) + etwas zum Bearbeiten**
100 g	**Roggenmehl (Type 1150)**
1 ½ TL	**Salz**
1 TL	**Brotgewürz (Mischung aus Kümmel, Fenchel, Anis)**
60 g	**Sonnenblumenkerne**
1 EL	**Mohnsaat**
1 EL	**Sesamsaat**

1 Für den Aufstrich die Linsen in 220 ml Wasser geben, aufkochen und zugedeckt 10–12 Minuten weich kochen, bis die gesamte Flüssigkeit aufgesogen ist.

2 Die Möhren schälen und fein würfeln. Die Zwiebel ebenfalls schälen und fein würfeln. Beides im heißen Öl anbraten, mit Salz, Pul Biber und Kreuzkümmel würzen. Tomatenmark kurz mit anrösten. 80–100 ml Wasser und Tomaten zugeben, offen 8–10 Minuten köcheln lassen, bis die Flüssigkeit verdampft ist. Dann abkühlen lassen.

3 Die Linsen zusammen mit der Möhrenmischung mit dem Pürierstab fein mixen. Den Aufstrich mit 1 TL Salz und Pfeffer abschmecken. In 2 vorbereitete Twist-off-Gläser füllen. Im Kühlschrank hält sich der Aufstrich ca. 1 Woche.

4 Für die Brötchen am Vortag die Hefe, 340 ml kaltes Wasser und den Zucker gut verrühren. Die Hefemischung mit beiden Mehlsorten und Salz in eine Schüssel geben und mit den Knethaken des Handmixers mindestens 4 Minuten zu einem glatten Teig verkneten. Das Brotgewürz und 2 EL Sonnenblumenkerne unter den Teig kneten. Den Teig in eine Schüssel geben, in der er das Volumen verdoppeln kann. Mit einem Tuch zudecken und über Nacht in den Kühlschrank stellen.

5 Am nächsten Morgen den Ofen auf 240 Grad vorheizen. Ein Backblech mit Backpapier belegen. Den Teig mit etwas Mehl bestäuben und mit einem Löffel zu 10 Brötchen abstechen. Dann mit etwas Abstand auf das Backblech setzen und mit den restlichen Sonnenblumenkernen, Mohn und Sesam bestreuen. Im heißen Ofen auf der mittleren Schiene ca. 20 Minuten backen. Am besten noch warm servieren. Brötchenhälften mit je 1 EL Möhren-Linsen-Aufstrich bestreichen.

ZUBEREITUNG	UTENSILIEN	ANZAHL	NÄHRWERTE
ca. 50 Minuten + Gehzeit über Nacht	Pürierstab, 2 Twist-off-Gläser, Handmixer, Backblech	10 Stück	pro Stück ca. 258 kcal, 11 g E, 7 g F, 38 g KH

Die Teiglinge vor dem Bestreuen mit Mohn und Sesam mit etwas Wasser besprühen, dadurch haften die Saatkörner besser an den Brötchen.

OBSTSALAT MIT NUSS-KROKANT

MORGENS

FÜR 4 PORTIONEN

60 g	Edelnuss-Mischung (Mandel-, Walnuss-, Paranuss-, Cashewkerne)
80 ml	Ahornsirup
½	Ananas (ca. 600 g)
150 g	kernlose rote Trauben
2	Kiwis
1	roter Apfel
1 TL	fein abger. Bio-Limettenschale
2 EL	Limettensaft
1 Msp.	Zimtpulver
60 ml	Orangensaft
250 g	veganer Skyr
2 EL	Cashewmus

Die restliche Ananas für den Zitronen-Ananas-Lassi verwenden:
S. 42

1 Die Nüsse in einer beschichteten Pfanne ohne Fett anrösten. 3 EL Ahornsirup zugeben und so lange unter Rühren erhitzen, bis die Nüsse vom Sirup überzogen sind und dieser karamellisiert. Auf ein Stück Backpapier geben und anschließend abkühlen lassen.

2 Die Ananas gründlich schälen, sodass die Augen vollständig entfernt sind. Die Ananas der Länge nach vierteln und den harten Strunk entfernen. Das Fruchtfleisch dann mundgerecht würfeln. Die Trauben waschen und halbieren. Die Kiwis schälen, vierteln und in Stücke schneiden. Den Apfel waschen, achteln, entkernen und in dünne Spalten schneiden. Limettenschale, -saft, übrigen Ahornsirup, das Zimtpulver sowie 2 EL Orangensaft verrühren und mit dem vorbereiteten Obst mischen.

3 Den restlichen Orangensaft mit dem Skyr sowie dem Cashewmus verrühren und dann mit dem Nusskrokant zum Obstsalat servieren.

ZUBEREITUNG	UTENSILIEN	ANZAHL	NÄHRWERTE
ca. 25 Minuten	beschichtete Pfanne	4 Portionen	pro Portion ca. 345 kcal, 6 g E, 13 g F, 36 g KH

ERDBEER-QUINOA-OVERNIGHT-PORRIDGE

FÜR 4 PORTIONEN

60 g	**Mandelblättchen**
4	**Medjool-Datteln, entsteint**
100 g	**Quinoaflocken**
20 g	**geschrotete Leinsamen**
1 Msp.	**Zimt**
1 Msp.	**Kardamom, gemahlen**
1 ½ TL	**fein abger. Bio-Orangenschale**
150 ml	**Mandeldrink (Natur)**
200 g	**Erdbeeren**
3 EL	**Orangensaft**
1 TL	**Agavendicksaft**
2 EL	**weißes Mandelmus**

❶ Am Vortag 30 g Mandelblättchen und die Datteln fein hacken. Mit Quinoaflocken, Leinsamen, Zimtpulver, Kardamom, ½ TL Orangenschale sowie Mandeldrink gut vermischen und in eine Schale füllen.

❷ Die Erdbeeren waschen, putzen und in Scheiben schneiden. Mit Orangensaft, Agavendicksaft und übriger Orangenschale mischen, auf der Flockenmischung verteilen und alles zugedeckt über Nacht im Kühlschrank quellen lassen.

❸ Am nächsten Tag die restlichen Mandelblättchen in einer beschichteten Pfanne ohne Fett anrösten, abkühlen lassen und grob hacken. Porridge damit bestreuen und das Mandelmus darüber träufeln.

ZUBEREITUNG	UTENSILIEN	ANZAHL	NÄHRWERTE
ca. 20 Minuten + Kühlzeit über Nacht	beschichtete Pfanne	4 Portionen	pro Portion ca. 287 kcal, 10 g E, 14 g F, 31 g KH

BANANEN-WAFFELN

– MIT FRÜCHTEN –

FÜR 8 STÜCK

3	**reife Bananen**
2	**Medjool-Datteln, entsteint**
250 ml	**Sojadrink (Natur)**
2 EL	**weißes Mandelmus**
1 TL	**Vanillepaste**
¼ TL	**Zimtpulver**
200 g	**Dinkelmehl (Type 812)**
30 g	**zarte Haferflocken**
1 ½ TL	**Weinstein-Backpulver**
1 Prise	**Salz**
200 g	**frische Beeren nach Belieben**

Außerdem:

Rapsöl für das Waffeleisen
Puderzucker
Minzblättchen

1 Für den Teig 2 Bananen schälen und grob würfeln. Mit Datteln, Sojadrink, Mandelmus, Vanillepaste sowie Zimtpulver mischen und mit dem Pürierstab fein mixen. Dinkelmehl, Haferflocken, Backpulver und 1 Prise Salz mischen und die Bananenmischung dazugeben. Mit dem Handmixer zu einem Waffelteig verrühren.

2 Ein belgisches Waffeleisen erhitzen und leicht einölen. Aus dem Teig ca. 8 Waffeln backen, dafür pro Waffel 2 EL Teig zu einem runden Klecks in das Waffeleisen geben. Das Eisen schließen und die Waffeln in 4–6 Minuten goldbraun backen. Dann vorsichtig herausheben und so den gesamten Teig zu Waffeln backen.

3 Die übrige Banane schälen und in dünne Scheiben schneiden. Die Beeren verlesen, waschen, trocken tupfen und größere Früchte klein schneiden. Die Waffeln mit Puderzucker bestäuben und mit dem Obst anrichten. Mit Minzblättchen garnieren.

TIPP Damit die Waffeln besonders knusprig werden, muss das Waffeleisen gut vorgeheizt werden. Wer ein feines Butteraroma mag, verwendet Albaöl zum Fetten des Waffeleisens.

ZUBEREITUNG	UTENSILIEN	ANZAHL	NÄHRWERTE
ca. 30 Minuten	Pürierstab, Handmixer, belgisches Waffeleisen	8 Stück	pro Stück ca. 220 kcal, 7 g E, 6 g F, 34 g KH

MOKKA-
FRAPPÉ

GOLDEN-
FRAPPÉ

MOKKA-FRAPPÉ

FÜR 2 GLÄSER

- 250 ml starker, frisch gebrühter Kaffee
- 1 Tüte veganes Cappuccino-Pulver
- 2 EL Ahornsirup • 250 ml Haferdrink
- 1 Prise Salz • 2 ½ EL Kakaopulver
- 6 EL veganer Schokopudding
- 100 ml vegane Schlagcreme
- 2 EL Kakaonibs

1 Den frisch gebrühten Kaffee vollständig abkühlen lassen, 80 ml in einen Eiswürfel-bereiter füllen und über Nacht einfrieren, den restlichen Kaffee kalt stellen.

2 Am nächsten Morgen Kaffee-Eiswürfel, Kaffee, Cappuccino-Pulver, Ahornsirup, Haferdrink, Salz und 2 EL Kakaopulver in einen Mixer geben und sehr fein pürieren, bis eine glatte, dickliche Masse entsteht.

3 Den Schokopudding mit 4 EL Wasser zu einer glatten Schokosauce verrühren. Die Schlagcreme luftig aufschlagen. Das Frappé in 2 gekühlte Gläser füllen. Mit Schlagcreme, Schokosauce, Kakaonibs sowie dem restlichen Kakaopulver garnieren und sofort servieren.

ZUBEREITUNG: ca. 10 Minuten
+ Gefrierzeit über Nacht
NÄHRWERTE: pro Glas ca. 300 kcal,
5 g E, 20 g F, 24 g KH
UTENSILIEN: Eiswürfelbereiter, Mixer

GOLDEN-FRAPPÉ

FÜR 2 GLÄSER

- 100 g Eiswürfel
- 250 ml Kokosnussdrink (Natur)
- 1 TL Kurkumapulver • ¼ TL Zimtpulver
- ¼ TL Pfeffer, gemahlen
- ¼ TL Ingwerpulver
- 1 EL Agavendicksaft
- 1 EL geröstete Kokosraspel

1 Die Eiswürfel, Kokosnussdrink, Kurkuma-pulver, Zimtpulver, Pfeffer, Ingwerpulver sowie den Agavendicksaft in einen Mixer geben und sehr fein pürieren, bis eine glatte, dickliche Creme entsteht. Das Golden-Frappé sofort in 2 gekühlte Gläser füllen und mit Kokosraspeln bestreut servieren.

TIPP Die Kokosraspel zum Rösten in eine heiße Pfanne ohne Fett geben. Unter Rühren so lange rösten, bis sie duften und goldgelb sind. Aus der Pfanne nehmen und auf einem Teller abkühlen lassen.

ZUBEREITUNG: ca. 5 Minuten
NÄHRWERTE: pro Glas ca. 242 kcal,
1 g E, 24 g F, 6 g KH
UTENSILIEN: Mixer

PFLANZENDRINKS

VANILLE
Zum Aromatisieren der Pflanzendrinks ist gemahlene Vanilleschote genial. Ganz nach Geschmack passen auch Zimt, Kakao oder Ahornsirup.

KARDAMOM
Besonders zum Würzen von Mandel- und Cashewdrink ist der exotische Kardamom köstlich. Alternativ Kurkuma und Muskat verwenden.

CASHEWKERNE
Die Kerne lassen sich nahezu vollständig pürieren. Man muss diesen Drink also nicht unbedingt passieren. Der Vorteil: Alle Nährstoffe landen im Glas.

MANDELKERNE
Da die Kerne lange haltbar sind, lohnt ein kleiner Vorrat, um sich jederzeit einen Mandeldrink zubereiten zu können.

HAFERFLOCKEN
Die Getreideflocken lassen sich sehr rasch zu einem Haferdrink verarbeiten, da hier die lange Einweichzeit entfällt.

FRISCHES WASSER
Immer kaltes Wasser für die Pflanzendrinks verwenden und das Einweichwasser wegkippen, da es je nach Zutat Trüb- und Bitterstoffe enthalten kann.

PASSIERTUCH
Ein feines Stofftuch (meist aus Baumwolle oder Leinen) ist hilfreich zum Filtern der Pflanzendrinks. Am besten feuchtet man es vor dem Einsatz gut an und legt es dann in ein Abtropfsieb. Anschließend sollte das Tuch gründlich gewaschen werden.

MANDELDRINK

FÜR CA. 1 LITER
- 300 g Mandelkerne, naturbelassen • ½ Vanilleschote

1 Die Mandelkerne zunächst in einer Schüssel mit kaltem Wasser bedecken und dann 8–10 Stunden quellen lassen.

2 Das Wasser nach der Einweichzeit abgießen. Die Mandelkerne mit 1 l frischem Wasser und der Vanilleschote in einen Standmixer geben und so lange pürieren, bis eine weiße, stückfreie Flüssigkeit entsteht.

3 Das Mandelmus durch ein Passiertuch geben. Dafür ein Sieb mit dem Tuch auslegen, die Mandelmasse hineingießen und abtropfen lassen. Zum Schluss die Masse per Hand ausdrücken. In einem verschlossenen Gefäß hält sich der Drink im Kühlschrank bis zu 3 Tage.

TIPP Die ausgedrückte Mandelmasse zum Verfeinern des Obstsalats auf Seite 26 verwenden.

ZUBEREITUNG: ca. 10 Minuten + Einweichzeit
NÄHRWERTE: pro Glas (200 ml) ca. 26 kcal, 1 g E, 2 g F, 0 g KH
UTENSILIEN: Standmixer, Sieb, Passiertuch

CASHEWDRINK

FÜR CA. 1 LITER
- 300 g Cashewkerne, naturbelassen • 2 Kardamomkapseln

1 Die Cashewkerne zunächst in einer Schüssel mit kaltem Wasser bedecken und dann 8–10 Stunden quellen lassen.

2 Das Wasser nach der Einweichzeit abgießen. Die Cashewkerne mit 1 l frischem Wasser und Kardamom in einen Standmixer geben und so lange pürieren, bis eine weiße, stückfreie Flüssigkeit entsteht.

3 Das Cashewmus durch ein Passiertuch geben. Dafür ein Sieb damit auslegen, die Cashewmasse hineingießen und abtropfen lassen. Zum Schluss die Masse per Hand nochmals ausdrücken. In einem verschlossenen Gefäß hält sich der Drink im Kühlschrank bis zu 3 Tage.

TIPP Die ausgedrückte Cashewmasse für die Cashewsauce auf Seite 39 verwenden.

ZUBEREITUNG: ca. 10 Minuten + Einweichzeit
NÄHRWERTE: pro Glas (200 ml) ca. 46 kcal, 1 g E, 2 g F, 5 g KH
UTENSILIEN: Standmixer, Sieb, Passiertuch

HAFERDRINK

FÜR CA. 1 LITER
- 120 g zarte Haferflocken
- 1 Prise Salz

1 Die Haferflocken zusammen mit 1 l sehr kaltem Wasser und dem Salz in einen Standmixer geben und 2–3 Minuten auf höchster Stufe pürieren.

2 Das Hafermus durch ein Passiertuch, ein sauberes Küchentuch oder einen Nussmilchbeutel geben. Dafür ein Sieb damit auslegen, die Hafermasse hineingießen und abtropfen lassen. Zum Schluss die Hafermasse per Hand nochmals gut ausdrücken. In einem verschlossenen Gefäß hält sich der Haferdrink im Kühlschrank bis zu 3 Tage.

TIPP Mit den ausgedrückten Haferflocken können Müslis und Smoothies angereichert werden.

ZUBEREITUNG: ca. 10 Minuten
NÄHRWERTE: pro Glas (200 ml) ca. 90 kcal, 1 g E, 3 g F, 14 g KH
UTENSILIEN: Standmixer, Sieb, Passiertuch

AVOCADO-TOAST

– MIT RÜHR-TOFU UND SCHNITTLAUCH –

FÜR 2 STÜCK

400 g	**Seidentofu**
¼ TL	**Kurkuma**
	Meersalz, Pfeffer
¼ TL	**Paprikapulver, rosenscharf**
150 g	**schnittfester Tofu**
1	**Schalotte**
2 EL	**Sonnenblumenöl**
2 Scheiben	**Bauernbrot**
1	**reife Avocado**
6	**Kirschtomaten**
¼ Bund	**Schnittlauch**
2 EL	**Olivenöl**

1 Für den Rühr-Tofu den Seidentofu mit Kurkuma, etwas Meersalz, Pfeffer und Paprikapulver vorsichtig verrühren, sodass er noch leicht stückig bleibt. Den festen Tofu zuerst in Scheiben schneiden und anschließend fein zerbröseln. Die Schalotte schälen und fein würfeln.

2 Das Sonnenblumenöl in einem Topf erhitzen. Die Tofubrösel und die Schalotte darin unter Rühren ca. 5 Minuten bräunen. Dann die Hitze reduzieren und die Seidentofu-Mischung dazugeben. Gut unterrühren und ca. 3 Minuten garen. Mit Salz und Pfeffer würzen.

3 Das Bauernbrot im Toaster oder in einer Pfanne knusprig rösten. Die Avocado halbieren, den Stein entfernen, das Fruchtfleisch aus der Schale lösen und mit einer Gabel zerdrücken. Die Tomaten waschen und halbieren. Den Schnittlauch in feine Röllchen schneiden.

4 Die Brotscheiben mit Avocadomus bestreichen, mit dem Rühr-Tofu belegen und mit Tomatenhälften und Schnittlauchröllchen bestreut anrichten. Mit Olivenöl beträufeln und servieren.

ZUBEREITUNG	UTENSILIEN	ANZAHL	NÄHRWERTE
ca. 20 Minuten	Topf, Toaster oder Pfanne	2 Stück	pro Stück ca. 792 kcal, 33 g E, 55 g F, 2 g KH

BANANEN-MANDEL-SMOOTHIE

FÜR 2 GLÄSER

- 2 reife Bananen • 4 getrocknete Aprikosen
- 1 Stiel Minze • 500 ml Mandeldrink (Natur)
- 1 Msp. Zimtpulver • 1 Msp. gemahlener
Kardamom • 150 g Eiswürfel

Die Bananen schälen und grob würfeln. Die
getrockneten Aprikosen grob würfeln. Die
Minzblättchen vom Stiel abzupfen. Die vorbereiteten Zutaten mit Mandeldrink, Zimtpulver,
Kardamom und den Eiswürfeln in einen Mixer
geben und sehr fein pürieren. In 2 gekühlte
Gläser füllen, mit etwas Zimtpulver bestäuben
und sofort servieren.

ZUBEREITUNG: ca. 10 Minuten **NÄHRWERTE:** pro Glas
ca. 467 kcal, 9 g E, 17 g F, 68 g KH **UTENSILIEN:** Mixer

GRÜNKOHL-SMOOTHIE

FÜR 2 GLÄSER

- 1 reife Banane • 100 g Grünkohl
- 50 g Babyspinat • 12 Minzblättchen
- 400 ml Kokoswasser • 1 TL abger.
Bio-Limettenschale • 2 EL Limettensaft
- 1 Prise Meersalz • 150 g Eiswürfel

Die Banane schälen und grob würfeln. Den
Grünkohl waschen, trocken schleudern und
grob hacken. Den Spinat waschen und trocken
schleudern. Vorbereitete Zutaten mit 8 Minzblättchen, Kokoswasser, Limettenschale, -saft,
Salz und Eiswürfeln in einem Mixer sehr fein
pürieren. In 2 gekühlte Gläser füllen und sofort
servieren. Mit restlicher Minze garnieren.

ZUBEREITUNG: ca. 10 Minuten **NÄHRWERTE:** pro Glas
ca. 146 kcal, 4 g E, 2 g F, 26 g KH **UTENSILIEN:** Mixer

MÖHREN-APFEL-SMOOTHIE

FÜR 2 GLÄSER

- 150 g Möhren • 1 Apfel
- 300 ml Orangensaft • 4 EL Zitronensaft
- 200 g TK-Mangowürfel
- 2 TL Leinöl

Die Möhren schälen und grob raspeln. Den
Apfel waschen, vierteln, entkernen und in
Stücke schneiden. Vorbereitete Zutaten mit
Orangensaft, Zitronensaft und gefrorenen
Mangowürfeln in einen Mixer geben und sehr
fein pürieren. Sofort in 2 gekühlte Gläser
füllen, mit Leinöl beträufeln und servieren.

ZUBEREITUNG: ca. 10 Minuten **NÄHRWERTE:** pro Glas
ca. 242 kcal, 3 g E, 7 g F, 38 g KH **UTENSILIEN:** Mixer

HEIDELBEER-SMOOTHIE

FÜR 2 GLÄSER

- 2 cm Ingwerwurzel • 2 kleine Äpfel
- 200 g TK-Heidelbeeren
- 250 ml Orangensaft • 4 EL Zitronensaft
- 150 g Eiswürfel

Den Ingwer schälen und in dünne Scheiben
schneiden. Den Apfel schälen, vierteln,
entkernen und grob würfeln. Vorbereitete
Zutaten mit gefrorenen Heidelbeeren,
Orangensaft, Zitronensaft und Eiswürfeln
in einen Mixer geben und sehr fein pürieren.
Sofort in 2 gekühlte Gläser füllen und
servieren.

ZUBEREITUNG: ca. 10 Minuten **NÄHRWERTE:** pro Glas
ca. 166 kcal, 2 g E, 2 g F, 32 g KH **UTENSILIEN:** Mixer

BANANEN-
MANDEL-
SMOOTHIE

MÖHREN-
APFEL-
SMOOTHIE

HEIDELBEER-
SMOOTHIE

GRÜNKOHL-
SMOOTHIE

Werden Tortillas fertig gefüllt und gerollt serviert, sind es Burritos. Füllt und rollt sich jede:r die Tortilla am Tisch selbst, spricht man von Fajitas.

FRÜHSTÜCKS-BURRITO

– MIT KICHERERBSEN UND PILZEN –

FÜR 4 STÜCK

Für die Cashewsauce:

60 g	**Cashewmus**
2 EL	**Limettensaft**
	Salz
1-2 EL	**Srirachasauce**

Für die Tomatensalsa:

2	**Tomaten**
5 Stiele	**Koriander**
1	**rote Zwiebel**
2 EL	**Limettensaft**
	Salz, Pfeffer

Für die Gemüsefüllung:

250 g	**braune Champignons**
2	**rote Paprikaschoten**
2	**Zwiebeln**
400 g	**Kichererbsen (aus der Dose)**
4 EL	**Sonnenblumenöl**
	Salz, Pfeffer
1 TL	**getrockneter Oregano**
1 TL	**Paprikapulver, edelsüß**
1 TL	**gemahlener Kreuzkümmel**

Außerdem:

1	**reife Avocado**
4	**Tortillafladen**
2 EL	**Sonnenblumenöl**
80 g	**vegane Crème fraîche**
1 EL	**Srirachasauce**
1	**Bio-Limette**

1 Für die Cashewsauce das Cashewmus, Limettensaft, 2 EL Wasser, etwas Salz und die Srirachasauce mit einem Schneebesen gut verrühren.

2 Die Tomaten waschen, vierteln, entkernen und fein würfeln. Die Korianderblättchen mit den zarten Stielen grob schneiden. Die rote Zwiebel schälen und fein würfeln. Mit Tomaten, dem Koriander und Limettensaft mischen. Die Tomatensalsa mit Salz und Pfeffer abschmecken.

3 Die Champignons säubern und in dünne Scheiben schneiden. Paprika putzen, waschen und in dünne Streifen schneiden. Die Zwiebeln schälen und in dünne Streifen schneiden. Die Kichererbsen abtropfen lassen.

4 Zwiebeln, Paprika und Pilze in heißem Öl in einer Pfanne ca. 5 Minuten anbraten. Salz, Pfeffer, Oregano, Paprika- und Kreuzkümmelpulver dazugeben und kurz mit anrösten. Kichererbsen hinzufügen und erwärmen. Die Avocado halbieren, den Stein entfernen, das Fruchtfleisch mit einem Löffel aus der Schale heben und in Spalten schneiden.

5 Einen Tortillafladen in einer Pfanne erwärmen, mit etwas Cashewsauce bestreichen, mit 2–3 EL Gemüse-Mischung und einigen Avocadospalten belegen. Die Seiten einklappen und den Fladen aufrollen. Auf diese Weise drei weitere Burritos herstellen.

6 Die gerollten Burritos nach Belieben in einer Pfanne in heißem Öl anbraten, bis sie knusprig und goldbraun sind. Crème fraîche und Srirachasauce verrühren, mit Salsa und Limetten in Spalten zu den Burritos servieren.

ZUBEREITUNG	UTENSILIEN	ANZAHL	NÄHRWERTE
ca. 30 Minuten	Schneebesen	4 Stück	pro Stück ca. 465 kcal, 14 g E, 28 g F, 36 g KH

GURKEN-SPROSSEN-SANDWICH

MORGENS

FÜR 4 STÜCK

½	**Salatgurke**
100 g	**Babyspinat**
200 g	**veganer Frischkäse-Ersatz**
1 TL	**Wasabipaste**
	Salz, Pfeffer
1 TL	**Zitronensaft**
½ Bund	**Schnittlauch**
4	**Radieschen**
1 EL	**Apfelessig**
8 Scheiben	**Bauernbrot**
50 g	**Rote-Bete-Sprossen**

Die restliche Salatgurke für den Zitronen-Ananas-Lassi verwenden: **S. 42**

1 Die Gurke heiß waschen und anschließend in dünne Scheiben schneiden. Die Spinatblätter verlesen, waschen und trocken schleudern.

2 Frischkäse mit Wasabi, etwas Salz, Pfeffer und dem Zitronensaft verrühren. Den Schnittlauch in feine Röllchen schneiden und daruntermischen. Die Radieschen waschen, putzen, in feine Stifte schneiden und mit dem Essig vermengen.

3 Die Brotscheiben mit dem Frischkäse bestreichen. 4 Scheiben mit Gurke, Spinat, Radieschen und Sprossen belegen. Die übrigen Scheiben dann daraufsetzen und leicht zusammendrücken. Mit einem scharfen Messer halbieren und servieren.

ZUBEREITUNG	UTENSILIEN	ANZAHL	NÄHRWERTE
ca. 15 Minuten	—	4 Stück	pro Portion ca. 300 kcal, 11 g E, 13 g F, 34 g KH

BUCH-WEIZEN-PFLAUMEN-GRANOLA

FÜR 15 PORTIONEN

100 g	**Haselnusskerne**
500 g	**kernige Haferflocken**
100 g	**Buchweizen**
3 EL	**Leinsamen**
100 g	**Sonnenblumenkerne**
6 EL	**Agavendicksaft**
½ TL	**Zimtpulver**
6 EL	**Rapsöl**
6 EL	**Apfelsaft**
100 g	**getrocknete Pflaumen, entsteint**

1 2 Backbleche mit Backpapier belegen und den Ofen auf 160 Grad (Umluft) vorheizen. Die Haselnüsse hacken und mit den Haferflocken, Buchweizen, Leinsamen sowie den Sonnenblumenkernen vermengen. Agavendicksaft, Zimtpulver, Rapsöl und Apfelsaft verrühren und mit den trockenen Zutaten mischen.

2 Die Granola-Masse auf den vorbereiteten Backblechen verteilen und leicht andrücken. Im heißen Backofen auf der 2. Schiene von unten und auf der 2. Schiene von oben ca. 15 Minuten backen. Das Müsli mit einem Spatel durchmischen, die Backbleche im Backofen tauschen und weitere ca. 10 Minuten backen.

3 Die getrockneten Pflaumen fein würfeln, auf die 2 Backbleche verteilen, untermischen und das Müsli weitere 5–10 Minuten backen. Anschließend herausnehmen und auf den Blechen abkühlen lassen. Das abgekühlte Müsli in eine fest verschließbare Dose oder ein Glas füllen. Luftdicht verpackt hält sich das Granola ca. 4 Wochen.

ZUBEREITUNG	UTENSILIEN	ANZAHL	NÄHRWERTE
ca. 45 Minuten + Abkühlzeit	2 Backbleche, Spatel, fest schließende Dose oder Glas	15 Portionen	pro Portion ca. 201 kcal, 6 g E, 12 g F, 41 g KH

ZITRONEN-ANANAS-LASSI

FÜR 4 GLÄSER
- ½ Ananas (ca. 600 g)
- ½ Salatgurke • 250 g Sojaghurt
- 4 EL Zitronensaft
- 200 ml Kokoswasser
- 150 g Eiswürfel

1 Die Ananas gründlich schälen, sodass die Augen vollständig entfernt sind. Die Ananas der Länge nach vierteln und dann den harten Strunk entfernen. Anschließend das Fruchtfleisch grob würfeln.

2 Die Gurke schälen und ebenfalls grob würfeln. Vorbereitete Zutaten mit Sojaghurt, Zitronensaft und Kokoswasser in einem Mixer sehr fein pürieren.

3 Die Eiswürfel auf 4 Gläser verteilen, den Lassi einfüllen und sofort servieren.

TIPP Statt mit Ananas lässt sich dieser Lassi auch prima mit Mango zubereiten.

ZUBEREITUNG: ca. 10 Minuten
NÄHRWERTE: pro Glas (200 ml) ca. 110 kcal, 3 g E, 3 g F, 18 g KH
UTENSILIEN: Mixer

KIRSCH-BANANEN-SHAKE

FÜR 4 GLÄSER
- 500 g TK-Sauerkirschen • 2 reife Bananen
- 2 Medjool-Datteln, entsteint
- 400–500 ml Mandeldrink (Natur)
- ½ TL Vanillepaste • 2 EL Zitronensaft
- 2 EL vegane Schokoraspel

1 Für den Shake die Kirschen auftauen lassen, den Saft dabei auffangen und ebenfalls verwenden.

2 Die Bananen grob würfeln, mit den Kirschen, dem Kirschsaft, Datteln, 400 ml Mandeldrink, Vanillepaste und Zitronensaft im Mixer sehr fein pürieren. Sollte der Shake noch zu fest zu sein, den restlichen Mandeldrink untermixen. In 4 gekühlte Gläser füllen. Mit den Schokoraspeln bestreut servieren.

TIPP Wer es süßer mag, verwendet sehr reife Bananen. Den Shake alternativ mit ein wenig Ahornsirup süßen.

ZUBEREITUNG: ca. 5 Minuten + Auftauzeit
NÄHRWERTE: pro Glas (200 ml) ca. 233 kcal, 3 g E, 3 g F, 46 g KH
UTENSILIEN: Mixer

ZITRONEN-
ANANAS-
LASSI

KIRSCH-
BANANEN-
SHAKE

TÄGLICH

Rezepte für

35

Feel-Good-Momente

VOLL VEGAN was für Sie! Rezepte, vielfältig und bunt wie das Leben. Immer anders, immer lecker.

FOCACCIA

– MIT RÖSTGEMÜSE UND OLIVEN –

FÜR 4 PORTIONEN

Für die Focaccia:

20 g	**frische Hefe**
1 Prise	**Zucker**
500 g	**Mehl**
1 ½ TL	**Salz**
90 ml	**Olivenöl**
4 Stiele	**Basilikum**
	Meersalz

Für das Röstgemüse:

300 g	**Möhren**
200 g	**Pastinaken**
1	**rote Paprikaschote**
1	**gelbe Paprikaschote**
2	**rote Zwiebeln**
1	**Knoblauchzehe**
80 ml	**Olivenöl**
	Salz, Pfeffer
	Chiliflocken
100 g	**Kirschtomaten**
2 EL	**schwarze Oliven, entsteint**
1 EL	**Condimento bianco** **(weißer Balsamessig)**
2 EL	**Zitronensaft**
1 Prise	**Zucker**
4 Zweige	**Thymian**
2 Stiele	**Petersilie**

Außerdem:

	Öl für die Hände

① Die Hefe zerbröseln und mit dem Zucker in 350 ml lauwarmem Wasser auflösen. Mehl, 1 ½ TL Salz und 2 EL Öl in eine Schüssel geben. Hefemischung hinzufügen und alles mit den Knethaken des Handmixers zu einem glatten Teig vermengen. Zugedeckt an einem warmen Ort ca. 40 Minuten gehen lassen.

② Den Backofen auf 220 Grad vorheizen. Möhren und Pastinaken schälen und längs vierteln. Die Paprikaschoten putzen, waschen und in Stücke schneiden. Die Zwiebeln schälen und in Spalten schneiden. Den Knoblauch schälen und in Scheiben schneiden. Das vorbereitete Gemüse in einer Schüssel mit 3 EL Öl, Salz und Chiliflocken mischen. Auf einem mit Backpapier belegten Backblech verteilen und im heißen Ofen auf der mittleren Schiene 20–25 Minuten rösten.

③ Die Tomaten waschen und mit den Oliven dazugeben, ca. 5 Minuten weitergaren. Röstgemüse aus dem Ofen nehmen. Übriges Öl, Condimento bianco, Zitronensaft, Salz, Pfeffer und 1 Prise Zucker verrühren. Kräuterblättchen von den Stielen abzupfen, hacken und untermischen. Das Ofengemüse noch warm mit dem Dressing vermengen und marinieren.

④ Den Hefeteig mit geölten Händen aus der Schüssel nehmen und auf ein mit Backpapier belegtes Backblech geben. Mit den Händen zu einem Fladen formen und ca. 20 Minuten gehen lassen. Mit den Fingern Mulden in den Teig drücken, dann das restliche Öl über dem Teig verteilen. Im heißen Ofen auf der mittleren Schiene 20–25 Minuten backen. Mit einem feuchten Küchentuch ca. 10 Minuten zudecken. Mit dem Röstgemüse anrichten und mit Basilikum und Meersalz bestreut servieren.

ZUBEREITUNG	UTENSILIEN	ANZAHL	NÄHRWERTE
ca. 1 Stunde + Gehzeit	Handmixer, Backpapier, Backblech, Küchentuch	4 Portionen	pro Portion ca. 845 kcal, 17 g E, 43 g F, 98 g KH

Das restliche
Ciabatta zu den
geschmorten
Auberginen
servieren:
S. 91

OFENTOMATEN-SUPPE

– MIT KNUSPRIGEN CIABATTASCHEIBEN –

FÜR 4 PORTIONEN

Für die Ofentomaten-Suppe:

1 ½ kg	**Strauchtomaten**
3	**Knoblauchzehen**
6 Zweige	**Thymian**
1 TL	**Fenchelsaat**
5 EL	**Olivenöl**
3 EL	**Agavendicksaft**
	Meersalz
	Chiliflocken
	Pfeffer

Für die Ciabattascheiben:

1	**Knoblauchzehe**
½	**Ciabatta**
½ TL	**Fenchelsaat**
3 Zweige	**Thymian**
3 EL	**Olivenöl**
	Salz

Außerdem:

**Basilikum zum
Bestreuen**

1 Den Backofen auf 220 Grad vorheizen. Die Strauchtomaten waschen und halbieren, dann mit der Schnittfläche nach unten auf ein mit Backpapier belegtes Backblech legen. Knoblauchzehen andrücken und mit Thymianzweigen und Fenchelsaat auf den Tomaten verteilen. Mit 4 EL Olivenöl und dem Agavendicksaft beträufeln. Mit Meersalz, Chiliflocken und Pfeffer würzen. Tomaten im heißen Ofen ca. 40 Minuten auf der mittleren Schiene garen.

2 Für die Ciabattascheiben die Knoblauchzehe schälen, fein schneiden. Das Ciabatta in dünne Scheiben schneiden und auf ein Backblech legen. Fenchelsaat, Thymian und Knoblauch darauf verteilen. Mit Olivenöl beträufeln und mit Salz bestreuen. Nach der Tomaten-Garzeit 8–10 Minuten auf der mittleren Schiene rösten.

3 Die Tomaten mit dem Sud und den Gewürzen durch ein feines Sieb in einen Topf streichen. 300–400 ml Wasser dazugeben und als Suppe aufkochen, evtl. nachwürzen. Dann mit den Ciabattascheiben anrichten. Mit dem übrigen Olivenöl beträufeln und mit Basilikum bestreut servieren.

ZUBEREITUNG	UTENSILIEN	ANZAHL	NÄHRWERTE
ca. 1 Stunde	Backpapier, Backblech, feines Sieb	4 Portionen	pro Portion ca. 526 kcal, 11 g E, 26 g F, 61 g KH

MAISPUFFER

— MIT SALAT-SALSA —

FÜR 4 PORTIONEN

Für die Salat-Salsa:

50 ml	**Reisessig**
1–2 EL	**Zucker**
	Salz
2 EL	**Sojasauce**
1	**Möhre**
1	**Mini-Gurke**
1 Stange	**Staudensellerie**
1	**Spitzpaprika**
1	**rote Zwiebel**
1	**rote Chilischote**
1	**Römersalatherz**

Für die Maispuffer:

600 g	**Mais (aus der Dose)**
40 g	**Kichererbsenmehl**
60 g	**Reismehl**
2 TL	**rote Currypaste**
80–100 ml	**Kokosmilch (aus der Dose)**
1 TL	**Backpulver**
	Salz, Pfeffer

Außerdem:

100 ml	**neutrales Pflanzenöl**

1 Den Reisessig mit Zucker, Salz und der Sojasauce zu einer Vinaigrette verrühren. Möhre und Gurke schälen und dann fein würfeln. Staudensellerie und Spitzpaprika waschen, putzen und ebenfalls fein würfeln. Die Zwiebel schälen und fein würfeln. Die Chili entkernen und fein hacken. Vorbereitete Zutaten zur Vinaigrette geben und mischen.

2 Für die Puffer den Mais in einem Sieb abtropfen lassen. 300 g Maiskörner, Kichererbsenmehl, Reismehl, Currypaste, 80 ml Kokosmilch, Backpulver, Salz und Pfeffer im Mixer zu einem glatten Teig pürieren. Den restlichen Mais zugeben. Ist der Teig noch zu fest, restliche Kokosmilch unterziehen. Den Teig ca. 5 Minuten ruhen lassen.

3 Das Öl portionsweise in einer beschichteten Pfanne erhitzen. Pro Puffer 1 EL Teig in die Pfanne geben und 2–3 Minuten auf jeder Seite braten. So insgesamt 16 Puffer herstellen. Die Puffer anschließend auf Küchenpapier abtropfen lassen.

4 Den Römersalat waschen, trocken schleudern und in dünne Streifen schneiden. Die Salatstreifen zur Salsa geben und untermischen. Die Maispuffer mit der Salat-Salsa servieren.

ZUBEREITUNG	UTENSILIEN	ANZAHL	NÄHRWERTE
ca. 35 Minuten + Ruhezeit	Mixer, beschichtete Pfanne	4 Portionen	pro Portion ca. 472 kcal, 10 g E, 21 g F, 59 g KH

GRÜNES THAI-CURRY

– MIT KÜRBIS –

FÜR 4 PORTIONEN

Für die Currypaste:

1 TL	**Koriandersaat**
1 TL	**Kreuzkümmelsaat**
1	**Schalotte**
10 Stiele	**Koriander**
15 g	**Ingwerwurzel**
1	**frische Knoblauchzehe**
1–2	**grüne Chilischoten**
2 Stangen	**Zitronengras (ca. 20 g)**
2	**Kaffirlimettenblätter**
1 EL	**brauner Zucker**
5	**schwarze Pfefferkörner**
1–2 EL	**Sojasauce**
¼ TL	**Salz**

Für das Curry:

400 g	**Hokkaidokürbis**
150 g	**braune Champignons**
250 g	**Auberginen**
1	**rote Spitzpaprika**
150 g	**grüne Bohnen**
1	**rote Zwiebel**
1 Stange	**Zitronengras**
2 EL	**Sonnenblumenöl**
400 ml	**Kokosmilch (aus der Dose)**
250 ml	**Gemüsebrühe**
6	**Kaffirlimettenblätter**
1	**Bio-Limette in Spalten**
4 EL	**Cashewkerne**
8 Stiele	**Koriander (alternativ Thaibasilikum)**

1 Koriander- und Kreuzkümmelsaat in einer Pfanne ohne Fett vorsichtig anrösten. Herausnehmen und abkühlen lassen.

2 Die Schalotte schälen und grob würfeln. Koriander grob hacken. Ingwer schälen und in Scheiben schneiden. Knoblauch schälen. Chilis grob hacken. Vom Zitronengras die äußeren Blätter entfernen, das Innere in Stücke schneiden. Von den Kaffirblättern Stängel und Blattrippen entfernen. (Alternativ zu Kaffirblättern: abgeriebene Bio-Limettenschale verwenden.) Bis auf die angerösteten Saatkörner alle vorbereiteten Zutaten mit dem braunen Zucker in einem Mixer sehr fein zerkleinern.

3 Die geröstete Koriander-Kreuzkümmel-Mischung, Pfefferkörner, Sojasauce und Salz zugeben und nochmals zu einer feinen Paste pürieren.

4 Den Kürbis waschen, vierteln, entkernen und grob würfeln. Pilze säubern und vierteln. Auberginen waschen, putzen und ca. 3 cm groß würfeln. Paprika waschen, entkernen und in ca. 2 cm große Stücke schneiden. Bohnen waschen, putzen und halbieren. Zwiebel schälen und in Spalten schneiden. Zitronengras waschen, putzen, andrücken und in 3 Stücke schneiden.

5 Die vorbereitete Currypaste und das Öl in einem Topf bei mittlerer Hitze ca. 5 Minuten unter Rühren anrösten. Kokosmilch und Brühe hinzufügen, aufkochen und ca. 2 Minuten kochen.

6 Gemüse, Zitronengras und Kaffirblätter dazugeben, aufkochen und zugedeckt bei mittlerer Hitze 12–15 Minuten garen. Dabei ab und zu umrühren. Curry nach Belieben nachwürzen. Kaffirblätter entfernen. Das Thai-Curry mit Limettenspalten, Cashewkernen und Koriander anrichten. Dazu passt Jasminreis.

ZUBEREITUNG	UTENSILIEN	ANZAHL	NÄHRWERTE
ca. 45 Minuten	Mixer	4 Portionen	pro Portion ca. 254 kcal, 11 g E, 14 g F, 17 g KH

PASTA BROKKOLI AGLIO E OLIO

FÜR 4 PORTIONEN

2	vegane Brötchen vom Vortag
2	frische Knoblauchzehen
250 g	Brokkoli
3 EL	veganer Butter-Ersatz
2 TL	Chiliflocken Meersalz
400 g	Nudeln (z. B. Spaghetti) Salz
3 EL	Olivenöl
5 EL	grob gehackte Petersilie
1 TL	fein abger. Bio-Zitronenschale

TÄGLICH

1 Die Brötchen grob reiben oder mit den Händen zerbröseln. Den Knoblauch schälen und fein hacken. Den Brokkoli waschen, putzen und in dünne Scheiben schneiden.

2 2 EL Butter in einer großen Pfanne erhitzen. Knoblauch und 1 TL Chiliflocken dazugeben und kurz andünsten. Die Brotbrösel und etwas Meersalz hinzufügen und bei mittlerer Hitze unter Rühren goldbraun rösten. Die Bröselmischung danach auf einen Teller geben.

3 Nudeln nach Packungsanleitung in reichlich kochendem Salzwasser bissfest garen. Den Brokkoli in einer Pfanne im heißen Olivenöl unter Rühren 2–3 Minuten braten. Mit Salz und übrigen Chiliflocken würzen.

4 Die Nudeln abgießen, tropfnass mit der Petersilie und der Zitronenschale unter den Brokkoli mengen. Mit Bröseln bestreut servieren.

ZUBEREITUNG	UTENSILIEN	ANZAHL	NÄHRWERTE
ca. 25 Minuten	—	4 Portionen	pro Portion ca. 596 kcal, 17 g E, 18 g F, 91 g KH

TABOULÉ-SALAT MIT BROKKOLI

FÜR 4 PORTIONEN

50 g	**grober Bulgur**
2 EL	**Sonnenblumenkerne**
2 EL	**geschälte, grob gehackte Mandelkerne**
2 EL	**grob gehackte Walnusskerne**
200 g	**Brokkoli**
150 g	**Tomaten**
6 EL	**Zitronensaft**
	Meersalz
6 Stiele	**Minze**
2 Bund	**glatte Petersilie (ca. 50 g)**
4 Stiele	**Dill**
2	**Lauchzwiebeln**
⅓ TL	**Zimtpulver**
½–1 TL	**Chiliflocken**
7 EL	**Olivenöl**
5 EL	**Granatapfelkerne**

Was vom Taboulé-Salat übrig bleibt, eignet sich statt Quinoa als Basis für die Bowl:
S. 96

1 Bulgur nach Packungsanleitung garen, in einer großen Schüssel auskühlen lassen, mit einer Gabel auflockern. Sonnenblumen-, Mandel- und Walnusskerne in einer beschichteten Pfanne ohne Fett anrösten.

2 Brokkoli waschen, putzen, in Röschen teilen und im Blitzhacker in Intervallen in Reiskorngröße zerteilen. Tomaten waschen und fein würfeln. Brokkoli, Tomaten, Zitronensaft und Meersalz unter den Bulgur mischen. Ca. 15 Minuten durchziehen lassen.

3 Kräuterblättchen von den Stielen zupfen und fein schneiden. Lauchzwiebeln putzen, waschen, in feine Ringe schneiden und mit Kräutern, Zimtpulver, Chiliflocken und Olivenöl unter den Salat mischen. Mit der Mandel-Nuss-Mischung und Granatapfelkernen bestreut servieren.

ZUBEREITUNG	UTENSILIEN	ANZAHL	NÄHRWERTE
ca. 30 Minuten	beschichtete Pfanne, Blitzhacker	4 Portionen	pro Portion ca. 335 kcal, 6 g E, 27 g F, 16 g KH

BRATNUDELN

– MIT SPITZKOHL UND BROKKOLI –

FÜR 4 PORTIONEN

1	**Möhre**
1	**rote Paprikaschote**
100 g	**Shiitakepilze**
150 g	**Spitzkohl**
150 g	**Brokkoli**
10 g	**Ingwerwurzel**
1	**Knoblauchzehe**
1	**rote Peperoni**
2	**Lauchzwiebeln**
2 EL	**Sojasauce**
50 ml	**Ketjap Manis**
½ TL	**Sambal Oelek**
50 ml	**trockener veganer Sherry**
250 g	**Asia-Nudeln zum Braten** Salz, Pfeffer
60 ml	**Olivenöl**
1 EL	**Sesamöl**
50 g	**geröstete, gesalzene Erdnüsse**
20 g	**Radieschensprossen**

① Die Möhre schälen und die Paprika putzen, entkernen. Beide waschen, in ca. 4 cm lange Stifte schneiden. Die Pilze putzen, Stängel herausdrehen, Köpfe in Scheiben schneiden. Den Spitzkohl putzen, vierteln, den Strunk entfernen und in dünne Streifen schneiden. Den Brokkoli waschen, putzen, größere Stücke längs halbieren. Ingwer und Knoblauch schälen und würfeln. Die Peperoni waschen und hacken. Die Lauchzwiebeln putzen, waschen und in feine Ringe schneiden. Sojasauce, Ketjap Manis, Sambal Oelek und Sherry verrühren.

② Die Nudeln nach Packungsanleitung in reichlich kochendem Salzwasser garen. Dann in einem Sieb gut abtropfen lassen. Mit 1 EL Olivenöl gut vermischen.

③ 2 EL Olivenöl in einem Wok oder in einer Pfanne erhitzen. Den Brokkoli darin ca. 1 Minute scharf anbraten und herausnehmen. Spitzkohl, Möhren, Pilze, Paprika, die Hälfte der Lauchzwiebeln und den Ingwer zugeben und 2–3 Minuten scharf anbraten, anschließend herausnehmen.

④ Das restliche Olivenöl erhitzen. Nudeln, Knoblauch und Peperoni darin unter Rühren 2–3 Minuten braten. Sesamöl, Gemüse und Sojasaucen-Mischung zugeben und gut untermischen. Mit Salz und Pfeffer würzen und mit Erdnüssen, Sprossen und übrigen Lauchzwiebelringen bestreut servieren.

ZUBEREITUNG	UTENSILIEN	ANZAHL	NÄHRWERTE
ca. 35 Minuten	Wok oder Pfanne	4 Portionen	pro Portion ca. 355 kcal, 12 g E, 9 g F, 55 g KH

OFENGEMÜSE-SALAT

– MIT FREEKEH UND TOFU-„RICOTTA" –

Für den Ofengemüse-Salat:

200 g	**Freekeh** (alternativ Dinkel, Graupen)
300 g	**Blumenkohl**
200 g	**Hokkaidokürbis**
250 g	**Möhren**
250 g	**Rote Beten**
1	**rote Paprikaschote**
250 g	**Pastinaken**
2	**rote Zwiebeln**
80 ml	**Olivenöl**
	Salz, Pfeffer
1 EL	**grob zerstoßene Fenchelsaat**
1 TL	**Chiliflocken**
1 TL	**Paprikapulver, edelsüß**
2 EL	**Agavendicksaft**
2 EL	**Zitronensaft**
4 EL	**grob gezupfte Petersilie**

Für den Tofu-„Ricotta":

200 g	**Tofu**
1	**frische Knoblauchzehe**
1 TL	**Hefeflocken**
100 g	**Sojaghurt**
2 EL	**Zitronensaft**
	Salz

1 Für den Salat den Freekeh nach Packungsanleitung in kochendem Wasser garen. Für den „Ricotta" den Tofu in ein Geschirrtuch wickeln, in einen Durchschlag geben und mit mehreren Tellern beschwert ca. 30 Minuten abtropfen lassen. Den Backofen auf 200 Grad vorheizen.

2 Blumenkohl, Kürbis, Möhren, Rote Beten, Paprika und Pastinaken putzen, je nach Sorte schälen oder waschen und in ca. 3 cm große Stücke schneiden. Die Zwiebeln schälen und in Spalten schneiden. Alles in einer Schüssel mit 4 EL Olivenöl, Salz, Pfeffer, Fenchelsaat, Chiliflocken, Paprikapulver und Agavendicksaft gut vermischen. Das vorbereitete Gemüse auf einem mit Backpapier belegten Backblech verteilen. Im Ofen auf der 2. Schiene von oben 25–30 Minuten rösten.

3 Den abgetropften Tofu würfeln. Den Knoblauch schälen und hacken. Beides mit Hefeflocken, Sojaghurt, Zitronensaft und etwas Salz in einem Mixer sehr fein pürieren. Für eine glattere Konsistenz evtl. esslöffelweise etwas Wasser zugeben.

4 Das geröstete Gemüse aus dem Ofen nehmen und mit Zitronensaft, übrigem Olivenöl, Salz und Pfeffer würzen. Freekeh untermischen und den Tofu-„Ricotta" darüber verteilen. Mit der Petersilie bestreut servieren.

TÄGLICH

ZUBEREITUNG	UTENSILIEN	ANZAHL	NÄHRWERTE
ca. 45 Minuten	Geschirrtuch, Durchschlag, Backblech, Backpapier	4 Portionen	pro Portion ca. 513 kcal, 18 g E, 21 g F, 62 g KH

Bei Freekeh handelt es sich um unreif geerntetes Weizengetreide, das nach der Ernte geröstet wird.

ERBSEN-
MISO-
PESTO

PILZ-
NUSS-
PESTO

KRÄUTER-
PESTO

ERBSEN-MISO-PESTO

FÜR 4 PORTIONEN

- 4 EL geschälter Sesam
- 1 gestr. TL Meersalzflocken
- 30 g Pankobrösel • 2 frische Knoblauchzehen • 200 g TK-Erbsen (aufgetaut) • 90 ml Olivenöl • 2 EL helle Misopaste
- ¼ TL Chiliflocken

1 Sesam in einer beschichteten Pfanne ohne Fett unter Rühren anrösten, bis die Samen knistern. Meersalzflocken hinzufügen und kurz mitrösten. Dann auf einem Teller abkühlen lassen und im Mörser fein zerkleinern. Pankobrösel in einer beschichteten Pfanne ohne Fett anrösten und abkühlen lassen.

2 Knoblauch schälen und in feine Scheiben schneiden. Mit den Erbsen, 1 EL Öl, Misopaste und Chiliflocken aufkochen und zugedeckt ca. 3 Minuten garen. Mit dem restlichen Öl und dem Pürierstab fein mixen. Die Pankobrösel untermischen.

3 Das Pesto z. B. mit Nudeln und mit dem Sesamsalz bestreut servieren.

ZUBEREITUNG: ca. 25 Minuten + Abkühlzeit

NÄHRWERTE: pro Portion ca. 305 kcal, 8 g E, 25 g F, 11 g KH

KRÄUTER-PESTO

FÜR 4 PORTIONEN

- 40 g Pinienkerne • 30 g geschälte Mandelkerne
- 2 Knoblauchzehen • 30 g Basilikum • 20 g glatte Petersilie • 20 g Rucola • 2 EL Hefeflocken • 80 ml Olivenöl • 2 TL Zitronensaft • Salz, Pfeffer

1 Pinien- und Mandelkerne in einer beschichteten Pfanne ohne Fett anrösten, auf einen Teller geben, abkühlen lassen. Knoblauch schälen. Kräuterblättchen von den Stielen zupfen. Rucola waschen, trocken schütteln. Einige Kräuter- und Rucolablättchen für die Garnitur beiseite legen, den Rest mit 20 g Pinienkernen, Mandeln, Knoblauch und Hefeflocken im Blitzhacker oder Mixer fein zerkleinern.

2 Nach und nach Olivenöl und Zitronensaft zugeben und alles zu einem glatten Pesto mixen. Mit Salz und Pfeffer würzen.

3 Das Pesto z. B. mit Nudeln servieren. Mit restlichen Kräutern und übrigen Pinienkernen bestreuen.

ZUBEREITUNG: ca. 20 Minuten + Abkühlzeit

NÄHRWERTE: pro Portion ca. 302 kcal, 4 g E, 30 g F, 3 g KH

PILZ-NUSS-PESTO

FÜR 4 PORTIONEN

- 100 g gehobelte Haselnusskerne • 150 g Shiitakepilze
- 200 g braune Champignons
- 1 Zwiebel • 1 frische Knoblauchzehe • 8 Stiele Thymian
- 120 ml Olivenöl • Salz, Pfeffer • 1 Msp. Chiliflocken
- 2 TL Zitronensaft

1 Haselnusskerne in einer beschichteten Pfanne ohne Fett anrösten und abkühlen lassen. Stiele der Shiitakepilze entfernen und Champignons putzen, beide fein würfeln. Zwiebel und Knoblauch schälen, fein würfeln. Thymianblättchen abzupfen.

2 Zwiebel, Knoblauch und 180 g Pilze in 2 EL Öl anbraten. Mit Salz, Pfeffer, der Hälfte des Thymians und Chili würzen. Etwas abkühlen lassen. Dann mit 80 ml Öl, ⅔ der Nüsse und Zitronensaft im Blitzhacker fein pürieren. Mit Salz und Pfeffer abschmecken.

3 Restliche Pilze im übrigen Öl anbraten. Das Pesto z. B. mit Nudeln servieren. Mit Pilzen, restlichen Nussstückchen und restlichem Thymian bestreuen.

ZUBEREITUNG: ca. 20 Minuten + Abkühlzeit

NÄHRWERTE: pro Portion ca. 468 kcal, 7 g E, 46 g F, 5 g KH

KARTOFFEL-GEMÜSE

– MIT GEBRATENEM RÖMERSALAT –

TÄGLICH

FÜR 4 PORTIONEN

Für das Kartoffel-Gemüse:

2	**Schalotten**
2	**Knoblauchzehen**
600 g	**Kartoffeln, festkochend**
2 EL	**Olivenöl**
80 ml	**Weißwein**
	Salz, Pfeffer
	Muskat
500–600 ml	**Gemüsebrühe**
1 EL	**Hefeflocken**
1 EL	**veganer Butter-Ersatz**

Für die Kräuter-Tomaten-Mischung:

30 g	**getrocknete Tomaten**
3 Stiele	**Petersilie**
½ Bund	**Schnittlauch**

Für den gebratenen Römersalat :

2	**Römersalatherzen**
1 EL	**Olivenöl**
1 EL	**veganer Butter-Ersatz**
1 EL	**Condimento bianco (weißer Balsamessig)**
	Salz, Pfeffer

1 Für das Gemüse die Schalotten schälen und fein würfeln. Den Knoblauch schälen und in dünne Scheiben schneiden. Die Kartoffeln schälen, waschen und in ca. ½ cm große Würfel schneiden. Das Olivenöl in einem Topf erhitzen. Schalotten und Knoblauch darin glasig andünsten. Kartoffelwürfel zugeben und 1–2 Minuten mitdünsten. Mit Weißwein ablöschen und mit Salz, Pfeffer und Muskat würzen. Die Gemüsebrühe zugeben und ca. 15 Minuten cremig einkochen lassen.

2 Für die Kräuter-Tomaten-Mischung die getrockneten Tomaten und die Petersilie fein hacken. Den Schnittlauch in feine Röllchen schneiden und alles mischen. Anschließend die Salatherzen putzen, die äußeren Blätter entfernen, waschen. Die Salatherzen der Länge nach halbieren, trocken schütteln. Das Olivenöl und die Butter in einer Pfanne erhitzen. Die Salatherzen mit der Schnittfläche nach unten bei starker Hitze darin anbraten. Mit Condimento bianco ablöschen, kurz weiterbraten, salzen, pfeffern und herausnehmen.

3 Die Hefeflocken und die Butter unter das Kartoffel-Gemüse mischen und evtl. nachwürzen. Mit den Salatherzen anrichten. Mit der Kräuter-Tomaten-Mischung bestreut servieren.

ZUBEREITUNG	UTENSILIEN	ANZAHL	NÄHRWERTE
ca. 35 Minuten	—	4 Portionen	pro Portion ca. 279 kcal, 5 g E, 16 g F, 26 g KH

Ein weiteres kinderleichtes Linsen-Rezept gibt's hier: yumtamtam.de/linsen-dal

LINSEN-DAL

– MIT KÜRBIS UND TOMATEN-MANGO-SALAT –

FÜR 4 PORTIONEN

Für das Linsen-Dal:

150 g	**Mungbohnen oder gelbe Linsen**
150 g	**rote Linsen**
400 g	**Hokkaidokürbis**
20 g	**Ingwerwurzel**
200 g	**Zwiebeln**
2	**Knoblauchzehen**
250 g	**Tomaten**
5 EL	**Kokosöl**
1 EL	**dunkle Senfsaat**
1 TL	**Kurkumapulver**
2 EL	**Garam Masala**
	Salz, Pfeffer
200 g	**Baby-Blattspinat**
60 ml	**vegane Schlagcreme**

Für den Tomaten-Mango-Salat:

1	**mittelgroße Tomate**
1	**mittelgroße Mango**
3-5 ml	**Limettensaft**
	Salz, Pfeffer
¼ TL	**Chilipulver**
50 g	**Kokosraspel**

Außerdem:

Koriander zum Bestreuen

1 Mungbohnen (oder gelbe Linsen) und rote Linsen in einem Sieb gründlich abspülen und abtropfen lassen. Den Kürbis waschen, entkernen und grob würfeln. Den Ingwer schälen und fein reiben. Die Zwiebeln und den Knoblauch schälen und fein würfeln. Tomaten waschen und grob klein schneiden.

2 2 EL Kokosöl in einem Topf erhitzen. Zwiebeln, Knoblauch und Senfsaat darin andünsten. Ingwer, die Mung-Dal-Linsen-Mischung, Tomaten, Kurkuma und Garam Masala hinzufügen und kurz mitdünsten. Mit 1,4 l Wasser auffüllen, salzen, pfeffern und ca. 1 Stunde bei milder Hitze garen. Dabei ab und zu umrühren und ggf. etwas mehr Wasser zugeben.

3 Restliches Kokosöl in einer Pfanne erhitzen und die Kürbis-stücke darin scharf anbraten. Den Kürbis nach ca. 30 Minuten zum Curry geben. Inzwischen den Spinat verlesen, waschen und trocken schleudern.

4 Für den Tomaten-Mango-Salat die Tomate waschen und würfeln. Die Mango schälen, das Fruchtfleisch vom Stein schneiden und würfeln. Tomaten- und Mangowürfel mit dem Limettensaft mischen und mit Salz, Pfeffer und Chilipulver mischen. Die Kokosraspel in einer Pfanne ohne Fett anrösten und unter den Salat mischen.

5 Spinat und Schlagcreme nach dem Ende der Garzeit zum Dal geben, ca. 10 Minuten weitergaren und mit Salz und Pfeffer abschmecken. Linsen-Dal mit dem Tomaten-Mango-Salat anrichten und mit Koriander bestreuen. Nach Belieben mit Reis oder Quinoa servieren.

TÄGLICH

ZUBEREITUNG	UTENSILIEN	ANZAHL	NÄHRWERTE
ca. 1 Stunde 15 Minuten	—	4 Portionen	pro Portion ca. 501 kcal, 24 g E, 22 g F, 50 g KH

TOFU CAESAR WRAP

– MIT CASHEWKERNEN –

TÄGLICH

FÜR 4 STÜCK

400 g	**fester Tofu**
1	**Knoblauchzehe**
150 g	**Seidentofu**
50 ml	**Limettensaft**
1 EL	**Sojasauce**
2 EL	**Hefeflocken**
1 EL	**Weißweinessig**
1 TL	**mittelscharfer Senf**
50 ml	**Olivenöl**
	Salz, Pfeffer
	Zucker
¼ TL	**Cayennepfeffer**
1 EL	**Ahornsirup**
2 EL	**Sesamsaat**
30 g	**geröstete, gesalzene Cashewkerne**
2	**Römersalatherzen**
1	**kleine Tomate**
4	**große Tortillafladen**

1 Den festen Tofu in ein Geschirrtuch wickeln, dann in einen Durchschlag geben und mit mehreren Tellern beschwert ca. 30 Minuten abtropfen lassen.

2 Den Backofen auf 200 Grad vorheizen. Für das Dressing den Knoblauch schälen und fein hacken. Den Seidentofu mit 2 EL Limettensaft, Sojasauce, Hefeflocken, Knoblauch, Essig, Senf und 2 EL Olivenöl in einem hohen Gefäß mit dem Pürierstab sehr fein mixen. Ggf. noch 1–2 EL Wasser untermischen. Mit Salz, Pfeffer und je 1 Prise Zucker und Cayennepfeffer abschmecken und beiseitestellen.

3 Den Tofu trocken tupfen und in ca. 1 cm große Würfel schneiden. Ahornsirup, restlichen Limettensaft, restliches Olivenöl, 1 TL Salz und Cayennepfeffer in einem Topf erwärmen, vom Herd ziehen. Tofu und Sesam zugeben, alles vermengen und auf einem mit Backpapier ausgelegten Backblech verteilen. Im heißen Ofen 25–30 Minuten auf der 2. Schiene von unten backen. Dabei einmal wenden.

4 Die Cashewkerne hacken. Römersalat putzen, waschen, trocken schleudern und in Streifen schneiden. Die Tomate waschen und in kleine Stücke schneiden. Die Tortillafladen erwärmen und die Fladen im unteren Drittel mit etwas Dressing bestreichen, dabei die Ränder frei lassen. Salatstreifen, Tomatenstücke, gerösteten Tofu und Cashewkerne darauf verteilen. Mit dem restlichen Dressing beträufeln. Die Seiten über die Füllung klappen und Fladen von der unteren Seite her aufrollen. In Pergamentpapier wickeln, halbieren und servieren.

ZUBEREITUNG	UTENSILIEN	ANZAHL	NÄHRWERTE
ca. 50 Minuten + Abtropfzeit	Durchschlag, Pürierstab, Backpapier, Backblech, Pergamentpapier	4 Stück	pro Stück ca. 449 kcal, 20 g E, 26 g F, 33 g KH

SUSHI-BOWL

– MIT AVOCADO UND SESAM –

FÜR 4 PORTIONEN

150 g	**Möhren**
2	**Mini-Gurken**
130 ml	**Reisessig**
50 ml	**helle Misopaste**
250 g	**Sushi-Reis (oder 500 g gekochter Sushi-Reis)**
1	**Noriblatt**
1 EL	**Sesamsaat**
60 ml	**Tahin (Sesammus)**
80 ml	**Sojasauce**
	Saft von 2 Limetten
1–2 TL	**Zucker**
1 EL	**Sesamöl**
	Salz, Pfeffer
100 g	**Edamame (frische Sojabohnenkerne)**
500 g	**Süßkartoffeln**
2 EL	**Rapsöl**
1	**reife Avocado**
2 Beete	**Kresse (z. B. Affila, Shiso oder Daikon)**
4	**Radieschen**

1. Möhren schälen, in Stifte schneiden. Gurken heiß waschen, längs halbieren, entkernen und in Stücke schneiden. 4 EL Essig und Misopaste verrühren. Alles in einen Gefrierbeutel füllen. Die Luft herausdrücken, verschließen, Gemüse 3–4 Stunden marinieren.

2. Sushi-Reis in einer Schüssel mit kaltem Wasser bedecken, gründlich waschen und in ein Sieb abgießen. Den Vorgang zweimal wiederholen. Abgetropften Reis in einen Topf geben, mit 380 ml kaltem Wasser ohne Deckel aufkochen und zugedeckt bei milder Hitze ca. 20 Minuten quellen lassen. (Entfällt bei bereits gekochtem Reis.) Reis in eine flache Schale geben. 60 ml Essig locker mit dem Holzlöffel unterarbeiten. Reis zugedeckt beiseitestellen.

3. Noriblatt in ca. 4 cm große Stücke schneiden und in einer beschichteten Pfanne ohne Fett anrösten. Sesamsaat ebenfalls in der beschichteten Pfanne ohne Fett anrösten. Tahin mit 5 EL Wasser, Sojasauce, Limettensaft, Zucker und Sesamöl verrühren. Das Dressing mit Salz und Pfeffer würzen.

4. Edamame ca. 1 Minute in kochendem Salzwasser garen und dann abtropfen lassen. Die Süßkartoffeln schälen, waschen und würfeln, danach in einer Pfanne in heißem Pflanzenöl 3–4 Minuten braten, salzen und pfeffern. Avocado halbieren, entsteinen, schälen und das Fruchtfleisch in Scheiben schneiden. Die Kresse vom Beet schneiden. Das marinierte Gemüse abspülen und trocken tupfen. Die Radieschen waschen und in dünne Scheiben schneiden, mit dem restlichen Essig mischen.

5. Reis, mariniertes Gemüse, Edamame, Süßkartoffeln, Avocado und Radieschen in Bowls anrichten. Mit dem Dressing beträufeln und mit Noriblättern, Sesam und Kresse bestreuen.

ZUBEREITUNG	UTENSILIEN	ANZAHL	NÄHRWERTE
ca. 1 Stunde + 3–4 Stunden Marinierzeit	Gefrierbeutel, Holzlöffel, Frischhaltefolie, beschichtete Pfanne	4 Portionen	pro Portion ca. 592 kcal, 16 g E, 16 g F, 93 g KH

ROTE-BETE-RISOTTO

– MIT MEERRETTICH –

FÜR 4 PORTIONEN

500 g	**frische Rote Beten**
2	**Schalotten**
1	**frische Knoblauchzehe**
800–900 ml	**Gemüsebrühe**
50 ml	**Olivenöl**
250 g	**Risottoreis**
	Salz, Pfeffer
	Zucker
150 ml	**Weißwein**
¼ Bund	**Schnittlauch**
30 g	**Meerrettichwurzel**
60 g	**geriebener veganer Parmesan-Ersatz**
1 EL	**veganer Butter-Ersatz**
20 g	**Rote-Bete-Sprossen**

1 Rote Beten schälen und fein würfeln (am besten Bio-Einweghandschuhe tragen, da die Beten stark färben). Schalotten und Knoblauch schälen und fein würfeln. Die Gemüsebrühe aufkochen, dann die Herdplatte ausschalten.

2 In einem großen Topf das Olivenöl erhitzen. Rote Beten, Schalotten und Knoblauch darin kurz anschwitzen. Den Risottoreis dazugeben und weiter anschwitzen, bis die Reiskörner glasig sind. Mit Salz, Pfeffer und 1 Prise Zucker würzen. Den Weißwein hinzufügen und so lange kochen, bis er fast vollständig verdampft ist.

3 Unter ständigem Rühren schöpfkellenweise die heiße Gemüsebrühe unter den Reis geben. Immer wieder einkochen lassen, bevor neue Brühe zum Risotto gegeben wird. Ca. 20–25 Minuten, je nach Reissorte, garen. Evtl. etwas mehr Brühe zugießen, bis der Reis gar ist und die gewünschte cremige Konsistenz bekommt.

4 Schnittlauch in feine Röllchen schneiden. Den Meerrettich schälen und fein reiben. 2 EL davon mit dem Parmesan und der Butter unter das Risotto rühren. Mit Salz, Pfeffer und 1 Prise Zucker würzen. Das Risotto mit den Schnittlauchröllchen, dem restlichen Meerrettich und den Rote-Bete-Sprossen bestreut servieren.

ZUBEREITUNG	UTENSILIEN	ANZAHL	NÄHRWERTE
ca. 35 Minuten	evtl. Einweghandschuhe, großer Topf	4 Portionen	pro Portion ca. 473 kcal, 12 g E, 18 g F, 60 g KH

MARINADEN

PFLANZENÖL

Je nach Bedarf passen
Öle mit mildem Aroma,
etwa Rapsöl, oder Öle mit
intensivem Geschmack,
zum Beispiel Nussöl, für
die Marinade.

TOFU

Zum Marinieren ist Naturtofu
am besten geeignet, da er
einen neutralen Geschmack
hat und die Aromen der
Würzsauce optimal aufnimmt.

ZITRONENSCHALE

Sie verleiht Marinaden
einen frischen Geschmack.
Achtung: immer Bio-
Früchte verwenden und
diese heiß waschen, bevor
Sie die Schale abreiben.

KNOBLAUCH

Die würzige Knolle verfeinert
nahezu jede Marinade. Wer
es milder und weniger scharf
mag, verwendet frische,
junge Knoblauchzehen und
drückt diese nur leicht an.

INGWERWURZEL

Fruchtig-scharf und
erfrischend würzig:
Fein gerieben optimiert
die Knolle alle Asia-
Marinaden.

LIMETTE

Ihr Fruchtsaft liefert der
Marinade feine Säure! Neben
dem Saft bringt auch die fein
abgeriebene unbehandelte
Limettenschale jede Menge
Aroma in die Würzsauce.

KRÄUTER

Ob Basilikum oder Koriander:
Erlaubt ist, was schmeckt.
Frische Kräuter haben den
Vorteil, dass sie beim Braten
und Grillen nicht so schnell
verbrennen.

ASIATISCH

FÜR 4 PORTIONEN

- 400 g Tofu • 1 TL Sesamöl
- 1–2 TL Ahornsirup
- 80 ml Sojasauce
- 1 EL Reisessig
- 20 g Ingwerwurzel
- 1 Knoblauchzehe

1 Tofu in ein sauberes Küchentuch wickeln, dann mit einem Brett und einem schweren Topf 20–30 Minuten pressen. So verliert er Wasser und kann die Marinade besser aufnehmen.

2 Gepressten Tofu in Würfel oder Scheiben schneiden. Öl, Ahornsirup, Sojasauce und Essig verrühren. Den Ingwer schälen und fein reiben. Die Knoblauchzehe schälen, andrücken. Beides mit der Marinade in einen Gefrierbeutel geben und mischen. Den Tofu hinzufügen und die Luft aus dem Beutel drücken. Mindestens 30 Minuten und idealerweise 5–6 Stunden marinieren.

3 Den Tofu aus der Marinade nehmen, gründlich abtropfen lassen und danach braten, backen oder grillen.

ZUBEREITUNG: ca. 15 Minuten + Wartezeit

NÄHRWERTE: pro Portion ca. 129 kcal, 10 g E, 7 g F, 7 g KH

UTENSILIEN: Gefrierbeutel

MEDITERRAN

FÜR 4 PORTIONEN

- 400 g Tofu • 2 Knoblauchzehen • 50 ml Olivenöl • 2 EL Zitronensaft • 1 TL abger. Bio-Zitronenschale • 1 TL Ahornsirup • 1 TL getr. italienische Kräuter • Salz, Pfeffer

1 Tofu in ein sauberes Küchentuch wickeln, dann mit einem Brett und einem schweren Topf 20–30 Minuten pressen. So verliert er Wasser und kann die Marinade besser aufnehmen.

2 Gepressten Tofu in Würfel oder Scheiben schneiden. Den Knoblauch schälen und durch eine Presse drücken. Mit Olivenöl, Zitronensaft, Zitronenschale, Ahornsirup und getrockneten Kräutern mischen. Kräftig salzen und pfeffern. Den Tofu und die Marinade in einen Gefrierbeutel geben und mischen. Die Luft aus dem Beutel drücken. Mindestens 30 Minuten und idealerweise 5–6 Stunden marinieren.

3 Tofu aus der Marinade nehmen, abtropfen lassen und braten, backen oder grillen.

ZUBEREITUNG: ca. 15 Minuten + Wartezeit

NÄHRWERTE: pro Portion ca. 178 kcal, 9 g E, 14 g F, 4 g KH

UTENSILIEN: Gefrierbeutel, Knoblauchpresse

INDISCH

FÜR 4 PORTIONEN

- 400 g Tofu • 20 g Ingwerwurzel
- 1 Knoblauchzehe • 4 Stiele Koriander • 1 Stiel Minze • 100 g Sojaghurt • 1 EL Rapsöl • 2 TL Limettensaft • 1 TL Ahornsirup
- 1 TL Garam Masala • 1 Msp. Kurkuma • 1 Msp. Chili • Salz

1 Tofu in ein sauberes Küchentuch wickeln, dann mit einem Brett und einem schweren Topf 20–30 Minuten pressen. So verliert er Wasser und kann die Marinade besser aufnehmen.

2 Gepressten Tofu in Würfel oder Scheiben schneiden. Ingwer und Knoblauch schälen und fein reiben. Die Kräuter hacken. Ingwer, Knoblauch und Kräuter mit Sojaghurt, Öl, Limettensaft, Ahornsirup, Garam Masala, Kurkuma, Chili und Salz verrühren. Tofu und Marinade in einem Gefrierbeutel mischen, Luft aus dem Beutel drücken. Mindestens 30 Minuten und idealerweise 5–6 Stunden marinieren.

3 Den Tofu aus der Marinade nehmen, abtropfen lassen und braten, backen oder grillen.

ZUBEREITUNG: ca. 15 Minuten + Wartezeit

NÄHRWERTE: pro Portion ca. 135 kcal, 10 g E, 8 g F, 5 g KH

UTENSILIEN: Gefrierbeutel

Ein perfekt geschichtetes Bánh mì vereint immer die Kontraste von süß und salzig, heiß und kalt, knackig-knusprig und weich.

BÁNH MÌ

— MIT STICKY TOFU —

FÜR 4 STÜCK

150 g	**Rettich**
150 g	**Möhren**
1	**rote Chilischote**
1 EL	**Zucker**
½ TL	**Salz**
60 ml	**Reisessig**
120 ml	**Sojasauce**
15 g	**Ingwerwurzel**
2	**Knoblauchzehen**
90 ml	**Rapsöl**
1 EL	**Ahornsirup**
150 ml	**Sweet-Chili-Sauce**
1–2 EL	**Limettensaft**
100 g	**vegane Mayonnaise**
2	**Lauchzwiebeln**
6 Stiele	**Thaibasilikum**
6 Stiele	**Minze**
12 Stiele	**Koriander**
400 g	**Räuchertofu**
120 g	**Speisestärke**
4	**kl. Baguettestangen (oder 1 ⅓ große Baguettestangen)**

1 Den Rettich und die Möhren schälen und beides in feine Stifte schneiden. Die Chilischote waschen, putzen und fein hacken. Zucker, Salz, 50 ml Reisessig und 60 ml Sojasauce verrühren. Chilischote, Möhre und Rettich untermischen.

2 Für die Sauce den Ingwer schälen und fein reiben. Den Knoblauch schälen und fein hacken. 2 EL Öl in einem Topf erhitzen, Ingwer und Knoblauch darin anbraten. Mit übrigem Essig und 2 EL Sojasauce ablöschen und mit Ahornsirup und Sweet-Chili-Sauce auffüllen. Bei milder Hitze etwas einkochen.

3 Den Limettensaft und die Mayonnaise verrühren. Die Lauchzwiebeln putzen, waschen, schräg in feine Röllchen schneiden und in eiskaltes Wasser legen. Die Kräuterblätter abzupfen und zu den Lauchzwiebeln geben.

4 Den Tofu trocken tupfen, quer in ca. 5 mm dicke Scheiben schneiden und mit restlicher Sojasauce und 2 EL Öl mischen. Die Tofuscheiben in der Speisestärke wenden.

5 Das restliche Öl in einer Pfanne stark erhitzen. Die Tofuscheiben darin portionsweise 3–4 Minuten rundherum knusprig braten. Die Sauce zugeben, untermischen und erwärmen.

6 Die Kräuterblätter und die Lauchzwiebelröllchen abtropfen lassen. Baguettes längs auf-, aber nicht ganz durchschneiden. Die Schnittflächen mit Mayonnaise bestreichen. Mit Tofuscheiben, Gemüsestiften und Kräutern sowie den Lauchzwiebeln belegen und servieren.

ZUBEREITUNG	UTENSILIEN	ANZAHL	NÄHRWERTE
ca. 45 Minuten	—◝	4 Stück	pro Stück ca. 910 kcal, 22 g E, 44 g F, 104 g KH

BLUMENKOHL-BOLOGNESE

– MIT ROTWEIN –

FÜR 4 PORTIONEN

600 g	**Blumenkohl**
250 g	**braune Champignons**
90 ml	**Olivenöl**
2	**Knoblauchzehen**
2	**Zwiebeln**
	Salz, Pfeffer
1 TL	**getrockneter Oregano**
½ TL	**geräuchertes Paprikapulver**
2 EL	**Tomatenmark**
100 ml	**trockener Rotwein, vegan**
800 g	**stückige Tomaten (aus der Dose)**
1 Zweig	**Rosmarin**
2	**Lorbeerblätter**
400 g	**Nudeln nach Belieben (z. B. Paccheri)**
	Basilikumblättchen
50 g	**geriebener veganer Parmesan-Ersatz**

1 Den Blumenkohl waschen, putzen, in Röschen teilen und in einem Blitzhacker oder im Mixer ca. reiskorngroß zerkleinern. Die Champignons putzen und im Blitzhacker oder im Mixer fein hacken.

2 3 EL Olivenöl in einem Topf erhitzen, die Champignons darin bei mittlerer bis starker Hitze 8–10 Minuten braten, bis die gesamte Feuchtigkeit verdampft ist und die Pilze angeröstet sind. Dabei mehrfach umrühren.

3 Den Knoblauch schälen und fein hacken. Die Zwiebeln schälen und fein würfeln. Beides mit dem Blumenkohl und 2 EL Öl zu den Pilzen geben und weitere ca. 2 Minuten anbraten. Mit Salz, Pfeffer, Oregano und Paprikapulver würzen. Das Tomatenmark dazugeben und mit anrösten. Mit Rotwein ablöschen und fast vollständig einkochen lassen. Stückige Tomaten, Rosmarin und Lorbeer hinzufügen, aufkochen und offen bei mittlerer Hitze 15–20 Minuten garen.

4 Die Nudeln nach Packungsanleitung in reichlich kochendem Salzwasser bissfest garen. Danach abgießen, dabei 200 ml Nudelwasser auffangen. 100 ml Nudelwasser zur Bolognese geben und evtl. nachwürzen. Die fertigen Nudeln untermischen und gegebenenfalls noch etwas mehr Nudelwasser zugießen. Mit Basilikum und Parmesan bestreut servieren.

TIPP Für eine alkoholfreie Variante können Sie den Rotwein mit Traubensaft ersetzen. Er verleiht der Bolognese eine leichte Süße. Ein paar Spritzer Balsamico oder Zitronensaft sorgen für eine ausgleichende Säure.

ZUBEREITUNG	UTENSILIEN	ANZAHL	NÄHRWERTE
ca. 45 Minuten	Blitzhacker oder Mixer	4 Portionen	pro Portion ca. 668 kcal, 26 g E, 24 g F, 88 g KH

Den restlichen
Sellerie für den
gebackenen Sellerie
mit Kartoffelgemüse
verwenden:
S. 152

EDAMAME-FENCHEL-SALAT

– MIT SELLERIE-STICKS –

FÜR 4 PORTIONEN

Für die Sellerie-Sticks:

400 g	**Sellerieknolle**
	Salz
80 ml	**Pflanzendrink**
1 TL	**Senf**
40 g	**Mehl**
60 g	**Pankobrösel**
	Sonnenblumenöl
	zum Braten

Für den Salat:

250 g	**Edamame (frische Sojabohnenkerne)**
2 EL	**Limettensaft**
2 EL	**Reisessig**
90 ml	**Olivenöl**
1–2 TL	**Wasabipaste**
1 Prise	**Zucker**
	Salz, Pfeffer
2	**kleine Fenchelknollen**
1	**kleine rote Zwiebel**
1	**grüner Apfel**
1	**Schalotte**

Außerdem:

1 Beet	**Kresse (z. B. Shiso)**
4 EL	**vegane Mayonnaise**

1 Den Sellerie schälen und in ca. 1 ½ cm dicke Stifte schneiden. Die Selleriestifte dann in reichlich kochendem Salzwasser ca. 5 Minuten garen, herausheben. Die Edamame ca. 3 Minuten im gleichen Wasser garen, abgießen, abschrecken und abtropfen. Die Selleriestifte trocken tupfen.

2 Für den Salat Limettensaft, Essig, Olivenöl und Wasabipaste verquirlen. Mit Zucker, Salz und Pfeffer würzen.

3 Den Fenchel putzen und waschen. Die Zwiebel schälen und in feine Scheiben hobeln. Den Apfel waschen, vierteln, entkernen, dann in feine Stifte schneiden. Die Schalotte schälen und in Scheiben schneiden. Schalotte, Fenchel, Apfel, Zwiebelscheiben und Edamame mit dem Dressing mischen.

4 Den Pflanzendrink mit Senf und Mehl glatt rühren. Die Selleriestifte zuerst in der Pflanzendrink-Mischung und danach in den Pankobröseln wenden und diese leicht andrücken.

5 Das Sonnenblumenöl in einer beschichteten Pfanne erhitzen und die Sellerie-Sticks darin in 2–3 Minuten rundherum goldbraun braten. Anschließend auf Küchenpapier abtropfen lassen. Die Kresse vom Beet schneiden. Den Salat mit den Sellerie-Sticks und der Mayonnaise anrichten und mit der Kresse bestreut servieren.

ZUBEREITUNG	UTENSILIEN	ANZAHL	NÄHRWERTE
ca. 35 Minuten	beschichtete Pfanne	4 Portionen	pro Portion ca. 563 kcal, 21 g E, 30 g F, 52 g KH

KÜRBIS-APFEL-SUPPE

– MIT KÜRBISKERNÖL –

FÜR 4 PORTIONEN

600 g	**Butternut-Kürbis**
2	**Zwiebeln**
2	**mittelgroße säuerliche Äpfel**
3 Zweige	**Rosmarin**
30 g	**veganer Butter-Ersatz**
2 TL	**brauner Zucker**
	Salz, Pfeffer
150 ml	**Weißwein, vegan**
800 ml	**Gemüsebrühe**
150 g	**vegane Crème fraîche**
1–2 EL	**Zitronensaft**
1	**Lauchzwiebel**
60 ml	**Kürbiskernöl**

TÄGLICH

① Kürbis halbieren, entkernen, schälen, in feine Stücke schneiden. Zwiebeln schälen und fein würfeln. 1 Apfel schälen, vierteln, entkernen und in Stücke schneiden. Nadeln von den Rosmarinzweigen abzupfen und fein schneiden.

② 10 g Butter in einem Topf schmelzen lassen, die Zwiebeln darin bei mittlerer Hitze ca. 2 Minuten andünsten. Kürbis, Apfel, zwei Drittel der Rosmarinnadeln und Zucker zugeben und weitere ca. 2 Minuten dünsten, dann mit Salz und Pfeffer würzen. Den Weißwein angießen und etwas einkochen lassen. Die Gemüsebrühe zugießen, aufkochen und alles zugedeckt bei milder Hitze ca. 20 Minuten garen.

③ Zwei Drittel der Crème fraîche zur Suppe geben und alles mit dem Pürierstab sehr fein mixen. Mit Salz, Pfeffer und Zitronensaft nach Belieben würzig abschmecken und warm halten.

④ Den übrigen Apfel waschen, vierteln, entkernen und fein würfeln. Die Lauchzwiebel waschen, putzen und in feine Ringe schneiden. Restliche Butter in einer Pfanne erhitzen. Apfelwürfel, Lauchzwiebeln und übrigen Rosmarin darin ca. 2 Minuten braten. Mit Salz, Pfeffer und Zitronensaft würzen.

⑤ Die Suppe mit der restlichen Crème fraîche, dem Apfelgemüse und dem Kürbiskernöl servieren.

TIPP Die Suppe schmeckt auch lecker mit Hokkaidokürbis. Er muss gründlich gewaschen werden, aber nicht geschält. Als Alternative zu Weißwein eignet sich (alkoholfreier) veganer Cidre.

ZUBEREITUNG	UTENSILIEN	ANZAHL	NÄHRWERTE
ca. 30 Minuten	Pürierstab	4 Portionen	pro Portion ca. 236 kcal, 2 g E, 18 g F, 14 g KH

Statt Radicchio kann hier das Blattgemüse der Roten Beten verwendet werden:
S. 70

GESCHMORTER GRÜNKERN-EINTOPF

– MIT DATTELN –

FÜR 4 PORTIONEN

250 g	**Grünkern**
1	**Zwiebel**
1	**Knoblauchzehe**
80 ml	**Olivenöl**
½ TL	**Kurkumapulver**
1	**getrocknete Chilischote**
250 ml	**passierte Tomaten**
500 ml	**Gemüsebrühe**
	Salz, Pfeffer
1 Prise	**Zimtpulver**
4	**Medjool-Datteln, entsteint**
1 Bund	**Petersilie**
4 Stiele	**Dill**
1	**mittelgroßer Radicchio Trevisano**
1 EL	**Zitronensaft**
60 g	**Granatapfelkerne**

1 Den Grünkern in einer Pfanne ohne Fettzugabe 3–4 Minuten unter Rühren anrösten. Anschließend auf einen Teller geben. Zwiebel und Knoblauch schälen und beides fein würfeln.

2 3 EL Öl in einem Topf erhitzen. Zwiebeln und Knoblauch darin glasig andünsten. Kurkuma und Chili zugeben und kurz mitbraten. Den Grünkern und die passierten Tomaten hinzufügen. Mit Gemüsebrühe auffüllen und mit Salz, Pfeffer und Zimtpulver würzen. Bei mittlerer Hitze ca. 1 Stunde zugedeckt garen.

3 Inzwischen die Datteln klein schneiden. Die Petersilie und den Dill fein schneiden. Den Radicchio waschen, putzen und in Streifen schneiden.

4 Die Datteln nach Ende der Garzeit zum Eintopf geben und darin ca. 5 Minuten erwärmen. Die Hälfte der Kräuter untermischen und alles mit Salz abschmecken. Den Eintopf danach warm halten.

5 Das restliche Öl in einer Pfanne erhitzen und den Radicchio darin scharf anbraten. Mit Zitronensaft ablöschen und mit Salz und Pfeffer würzen. Den Eintopf mit dem Radicchio anrichten und mit den restlichen Kräutern und Granatapfelkernen bestreut servieren.

ZUBEREITUNG	UTENSILIEN	ANZAHL	NÄHRWERTE
ca. 1 Stunde 10 Minuten	–	4 Portionen	pro Portion ca. 424 kcal, 10 g E, 17 g F, 56 g KH

GEGRILLTE KRÄUTER-SEITLINGE

FÜR 4 PORTIONEN

50 ml	Mirin (süßer jap. Reiswein)
50 ml	Sake oder trockener veganer Sherry
50 ml	Sojasauce
30 g	Zucker
½	Noriblatt
1 EL	veganer Butter-Ersatz
50 g	Pankobrösel
2 EL	helle Sesamsaat
1–2 TL	Chiliflocken
	Salz, Pfeffer
100 g	vegane Mayonnaise
1 TL	Srirachasauce
1 gestr. TL	geräuchertes Paprikapulver
1–2 EL	Limettensaft
1 TL	abger. Bio-Limettenschale
8	Kräuterseitlinge (à ca. 100 g)
90 ml	Olivenöl
2 EL	Sesamöl
1	Knoblauchzehe
600 g	Brokkoli

1 Für die Teriyakisauce Mirin, Sake, Sojasauce und Zucker in einem Topf auf 100 ml einkochen. Abkühlen lassen. Das Noriblatt anrösten. Butter erhitzen, Pankobrösel und Sesam darin anrösten. Das Noriblatt in Streifen schneiden, mit Chiliflocken nach Wunsch, Salz und Pfeffer unter die Brösel mischen. Mayonnaise mit Sriracha, Paprikapulver, Limettensaft und -schale verrühren.

2 Ofen für den Grill vorheizen. Pilze säubern, längs halbieren, auf den Schnittflächen kreuzweise ca. 5 mm tief einschneiden. 2 EL Olivenöl und Sesamöl mischen, Pilze damit bestreichen, auf dem heißen Grillrost 10–15 Minuten rundherum grillen.

3 Den Knoblauch schälen, fein hacken. Brokkoli waschen, putzen und in Röschen teilen. In einer Schale mit restlichem Olivenöl und dem Knoblauch mischen, salzen und pfeffern und auf dem heißen Grillrost 2–3 Minuten rundherum grillen. Dann die Pilze mit Teriyakisauce bestreichen und in ca. 1 Minute goldbraun grillen. Pilze und Brokkoli anrichten, mit Mayonnaise und Teriyakisauce beträufeln und mit den Bröseln bestreuen.

ZUBEREITUNG	UTENSILIEN	ANZAHL	NÄHRWERTE
ca. 40 Minuten	Grill	4 Portionen	pro Portion ca. 563 kcal, 5 g E, 50 g F, 19 g KH

RADICCHIO-FEIGEN-SALAT

FÜR 4 PORTIONEN

1	kleiner Radicchio Trevisano
4	frische Feigen
50 g	Pekannusskerne
400 g	weiße Bohnen (aus der Dose)
100 g	Rucola
50 ml	Weißweinessig
2 TL	Ahornsirup Salz, Pfeffer
2 TL	mittelscharfer Senf
50 ml	Olivenöl
50 ml	Walnussöl
½ Bund	Schnittlauch

❶ Radicchio putzen, die Blätter ablösen, waschen und je nach Größe klein schneiden. Feigen mit Küchenpapier abreiben und vierteln oder achteln. Pekannüsse grob hacken. Die Bohnen abgießen, kalt abspülen und gut abtropfen lassen. Rucola verlesen, waschen und trocken schleudern.

❷ Essig, Ahornsirup, etwas Salz, Pfeffer, Senf und 4 EL Wasser gut verrühren. Oliven- und Walnussöl nach und nach unterrühren. Die Bohnen mit ⅓ der Vinaigrette vermischen. Den Schnittlauch klein schneiden.

❸ Rucola, Radicchio, Feigen und Bohnen anrichten. Mit restlicher Vinaigrette beträufeln, mit Pekannüssen und Schnittlauch bestreut servieren. Dazu passt Baguette.

ZUBEREITUNG	UTENSILIEN	ANZAHL	NÄHRWERTE
ca. 20 Minuten	—	4 Portionen	pro Portion ca. 411 kcal, 14 g E, 25 g F, 31 g KH

Das Video zum Rezept gibt's hier:
edeka.de/tantanmenramen

TANTANMEN-RAMEN

– MIT VEGANEM HACK –

FÜR 4 PORTIONEN

30 g	**Ingwerwurzel**
2	**Knoblauchzehen**
100 g	**Tahin**
1 EL	**helle Misopaste**
180 ml	**Sojasauce**
2 EL	**Reisessig (alternativ Weißweinessig)**
2	**Baby-Pak-Choi**
2	**Lauchzwiebeln**
2 EL	**helle Sesamsaat**
2 EL	**Sonnenblumenöl**
200 g	**veganes Hack auf Sojabasis**
2 EL	**Sambal Oelek**
½ TL	**Zucker**
400 g	**Ramen oder Mie-Nudeln**
700 ml	**Gemüsebrühe**
500 ml	**ungesüßter Sojadrink**
1 Beet	**Kresse (z. B. Shiso oder Daikon)**
2–4 TL	**Chiliöl**

1 Den Ingwer schälen und ⅓ fein hacken. Den Rest grob schneiden. Den Knoblauch schälen. Für die Würzsauce (Tare) Tahin, Misopaste, 90 ml Sojasauce, Essig, 1 Knoblauchzehe und den grob geschnittenen Ingwer im Mixer fein pürieren.

2 Den Pak Choi waschen, putzen und die Blätter ablösen. Die Lauchzwiebeln putzen, waschen und schräg in feine Ringe schneiden. Die restliche Knoblauchzehe fein hacken. Sesamsaat in einer beschichteten Pfanne ohne Fett anrösten.

3 Das Sonnenblumenöl in einer beschichteten Pfanne erhitzen. Das vegane Hack darin braten. Den restlichen Ingwer und Knoblauch dazugeben und mitbraten. Sambal Oelek, Zucker und die restliche Sojasauce hinzufügen und kurz mitbraten. Mit 2–3 EL Wasser ablöschen und warm halten.

4 Die Nudeln nach Packungsanleitung in reichlich kochendem Wasser bissfest garen. Die Pak-Choi-Blätter ca. 1 Minute vor Ende der Garzeit hinzufügen. Die Gemüsebrühe mit dem Sojadrink aufkochen. Taresauce auf 4 Schalen verteilen, mit der heißen Brühe aufgießen und verrühren.

5 Die Nudeln und den Pak Choi im Sieb abtropfen lassen und in die Brühe geben. Mit dem veganen Hack anrichten. Mit angeröstetem Sesam, Kresse und Lauchzwiebelringen bestreuen und mit Chiliöl beträufelt servieren.

TÄGLICH

ZUBEREITUNG	UTENSILIEN	ANZAHL	NÄHRWERTE
ca. 45 Minuten	Mixer, beschichtete Pfanne	4 Portionen	pro Portion ca. 781 kcal, 21 g E, 33 g F, 99 g KH

RÄUCHERTOFU VOM BLECH

– MIT KARTOFFELN UND CASHEWDIP –

TÄGLICH

FÜR 4 PORTIONEN

400 g	**Räuchertofu**
2	**Knoblauchzehen**
2 EL	**Sojasauce**
2 TL	**Senf, mittelscharf**
1 TL	**Ahornsirup**
80 ml	**Olivenöl**
	Salz, Pfeffer
4	**rote Zwiebeln**
	Chiliflocken
600 g	**Drillinge**
2 TL	**Paprikapulver, edelsüß**
1 Bund	**glatte Petersilie**
100 g	**Cashewkerne**
80–100 ml	**Sauerkrautsaft**
1 EL	**Zitronensaft**
2 TL	**Hefeflocken**

❶ Den Tofu in 2 cm dicke Scheiben und diese dann in fingerdicke Stifte schneiden. Den Knoblauch schälen und durch eine Presse drücken. Sojasauce, Senf, die Hälfte vom Knoblauch, Ahornsirup und 1 TL Olivenöl miteinander verrühren. Mit dem Tofu mischen, salzen, pfeffern und ca. 15 Minuten marinieren.

❷ Den Ofen auf 220 Grad vorheizen. Die Zwiebeln schälen, in je 3 dicke Scheiben schneiden, mit 2 EL Öl bestreichen und mit Salz und Chili würzen. Kartoffeln waschen, halbieren, mit dem übrigen Öl, Salz und Paprikapulver mischen. Die Kartoffeln mit der Schnittfläche nach unten zusammen mit Zwiebeln und Tofu auf ein mit Backpapier belegtes Backblech legen. Im heißen Ofen ca. 30 Minuten rösten, die Zutaten dabei einmal wenden. Die Petersilienblättchen von den Stielen zupfen und fein schneiden.

❸ Cashewkerne, 80 ml Sauerkrautsaft, die Hälfte der Petersilie und den restlichen Knoblauch zu einem feinen Dip pürieren. Zitronensaft und Hefeflocken einrühren. Ist der Dip nicht flüssig genug, den restlichen Sauerkraftsaft und evtl. noch etwas Wasser dazugeben und pürieren, bis die Konsistenz glatt wird. Mit Salz und Chili würzen. Den Tofu und das Gemüse mit dem Dip anrichten und mit der restlichen Petersilie bestreut servieren.

ZUBEREITUNG	UTENSILIEN	ANZAHL	NÄHRWERTE
ca. 45 Minuten + Wartezeit	Knoblauchpresse, Backpapier, Backblech, Blitzhacker	4 Portionen	pro Portion ca. 520 kcal, 10 g E, 31 g F, 40 g KH

Die Auberginen lassen sich auch mit Resten des Taboulé-Salats füllen: **S. 55**

GESCHMORTE AUBERGINEN

– MIT TOMATENSAUCE –

TÄGLICH

FÜR 4 PORTIONEN

4	Auberginen
120 ml	Olivenöl
	Salz, Pfeffer
2	Zwiebeln
2	Knoblauchzehen
2	grüne Paprikaschoten
1 Bund	Petersilie
400 g	passierte Tomaten (aus der Dose)
	Zucker
¼ TL	Zimt
½ TL	gemahlener Kreuzkümmel
	Pul Biber (türkische Gewürzmischung; alternativ: Chiliflocken)
1 TL	getrockneter Oregano
2 EL	mildes Paprikamark
200 ml	Gemüsebrühe
150 g	Sojaghurt
1 TL	getrocknete Minze

1 Ofen auf 200 Grad vorheizen. Auberginen waschen, streifig schälen und auf ein mit Backpapier belegtes Backblech setzen. Mit je 1 EL Öl einreiben und rundherum mit Salz würzen. Im heißen Ofen 20–25 Minuten garen.

2 Zwiebeln schälen und in feine Streifen schneiden. Den Knoblauch schälen, fein würfeln. Die Paprikaschoten putzen, waschen und fein würfeln. Petersilie mit den zarten Stielen hacken.

3 3 EL Öl in einer Pfanne erhitzen. Zwiebeln und Knoblauch darin glasig andünsten. Paprika dazugeben und kurz mitdünsten. Die passierten Tomaten hinzufügen und mit Salz, Pfeffer, 1 Prise Zucker, Zimt, Kreuzkümmel und Pul Biber würzen. Die Hälfte der Petersilie und den Oregano zugeben und bei mittlerer Hitze ca. 10 Minuten leicht einkochen.

4 Auberginen abkühlen lassen, nebeneinander in eine Auflaufform setzen, längs einschneiden. Mit 2 Löffeln vorsichtig auseinanderziehen, Zwiebel-Tomaten-Mischung in die entstandene Öffnung füllen. Ofenhitze auf 180 Grad reduzieren.

5 Das restliche Öl in einer Pfanne erhitzen und das Paprikamark darin unter Rühren anrösten. Mit Salz und Pfeffer würzen, mit Gemüsebrühe auffüllen und verrühren. Die Sauce über den Auberginen verteilen, 25–30 Minuten garen.

6 Den Sojaghurt mit der Minze, Salz und Pfeffer verrühren und mit der restlichen Petersilie bestreuen. Die gefüllten Auberginen mit dem Dip anrichten.

ZUBEREITUNG	UTENSILIEN	ANZAHL	NÄHRWERTE
ca. 1 Stunde	Backpapier, Backblech, Auflaufform	4 Portionen	pro Portion ca. 313 kcal, 6 g E, 26 g F, 12 g KH

SCHARFE SPARGEL-
KOKOS-SUPPE

– MIT INGWER –

FÜR 4 PORTIONEN

2 Stängel	**Zitronengras**
20 g	**Ingwerwurzel**
500 g	**weißer Spargel**
250 g	**grüner Spargel**
	Salz
	Zucker
½ Bund	**Koriander**
1	**rote Chilischote**
8	**Kirschtomaten**
1	**Zwiebel**
2 EL	**Sonnenblumenöl**
400 ml	**Kokosmilch**
	(aus der Dose)
3–5 EL	**Sojasauce**
1–2 EL	**Limettensaft**
4	**Kaffirlimettenblätter**
	(alternativ Bio-
	Limettenabrieb)

1 Das Zitronengras putzen, äußere Blätter entfernen, das innere Weiße klein schneiden. Den Ingwer schälen und in Scheiben schneiden. Weißen Spargel schälen, grünen Spargel waschen. Holzige Enden abschneiden. Die Stangen dann getrennt längs halbieren und in schräge, ca. 3 cm lange Stücke schneiden.

2 Die Spargelschalen, Abschnitte, Zitronengras und Ingwer in 1 l Wasser mit ½ TL Salz und 1 Prise Zucker ca. 15 Minuten garen. Den Spargelsud anschließend durch ein feines Sieb passieren.

3 Den Koriander fein schneiden. Die Chilischote putzen und in Ringe schneiden. Die Tomaten waschen und halbieren. Die Zwiebel schälen und fein würfeln. Das Öl in einem Topf erhitzen. Zwiebel und weißen Spargel darin andünsten. 800 ml Spargelsud und die Kokosmilch dazugeben, aufkochen und zugedeckt bei mittlerer Hitze 8–10 Minuten köcheln lassen. Die Spargelköpfe herausnehmen. Die Suppe mit Sojasauce und Limettensaft abschmecken und mit dem Pürierstab fein mixen.

4 Grünen Spargel, Tomaten und Kaffirblätter zu der Suppe geben und darin ca. 5 Minuten garen. Dann Spargelköpfe, Chili und Koriander hinzufügen. Die Suppe mit Salz und Limettensaft abschmecken und servieren.

TIPP Wer es fruchtig mag, ersetzt die Tomaten einfach durch 80 g gewürfelte Mango. Zum Servieren Kokos-Chips als Topping über die Suppe streuen.

ZUBEREITUNG	UTENSILIEN	ANZAHL	NÄHRWERTE
ca. 40 Minuten	feines Sieb, Pürierstab	4 Portionen	pro Portion ca. 152 kcal, 8 g E, 9 g F, 7 g KH

GLASNUDEL-SALAT

TÄGLICH

FÜR 4 PORTIONEN

250 g	**Glasnudeln**
2	**Knoblauchzehen**
3	**Lauchzwiebeln**
1	**Mini-Gurke**
150 g	**Kirschtomaten**
1	**Römersalatherz**
10 Stiele	**Koriandergrün**
4 Stiele	**Minze**
2 EL	**Sesamöl**
1 TL	**Rohrzucker**
3 EL	**Sojasauce oder Tamari**
2 EL	**Sweet-Chili-Sauce**
1 TL	**Srirachasauce**
60-80 ml	**Limettensaft**
30 g	**Röstzwiebeln**
80 g	**geröstete Erdnüsse**
1	**Bio-Limette**

❶ Die Glasnudeln nach Packungsanleitung garen und gut abtropfen lassen. Den Knoblauch schälen und fein hacken. Lauchzwiebeln putzen, waschen und in Ringe schneiden. Die Gurke putzen, waschen, längs halbieren und würfeln. Die Tomaten waschen und halbieren. Blätter vom Salatherz waschen, trocken schütteln und in Streifen schneiden. Koriander- und Minzblättchen von den Stielen abzupfen und grob schneiden.

❷ Das Öl in einer Pfanne erhitzen und den Knoblauch darin goldgelb braten. Den Zucker zugeben, mit Sojasauce und Sweet-Chili-Sauce ablöschen und abkühlen lassen. Sriracha-sauce und Limettensaft untermischen.

❸ Das vorbereitete Gemüse und die Glasnudeln mit der Sauce mischen, mit Röstzwiebeln, Erdnüssen und Kräutern bestreuen und servieren. Die Limette heiß waschen, in Spalten schneiden und dazureichen.

ZUBEREITUNG	UTENSILIEN	ANZAHL	NÄHRWERTE
ca. 30 Minuten + Abkühlzeit	—	4 Portionen	pro Portion ca. 447 kcal, 8 g E, 18 g F, 61 g KH

NUDELSALAT MIT RUCOLA

FÜR 4 PORTIONEN

Für den Nudelsalat:

250 g	**Nudeln (z. B. Spirelli)**
	Salz
1	**gelbe Paprikaschote**
150 g	**Kirschtomaten**
100 g	**Rucola**
2	**Gewürzgurken**
100 g	**Erbsen (TK oder frisch)**
1 Bund	**Schnittlauch**

Für das Mandel-Dressing:

150 g	**Sojaghurt**
80 g	**vegane Mayonnaise**
40 g	**helles Mandelmus**
60–80 ml	**Gurkenlake (von den Gewürzgurken)**
1–2 EL	**Hefeflocken**
½ TL	**Paprikapulver, geräuchert**
2 EL	**Zitronensaft**
	Salz, Pfeffer

1 Nudeln nach Packungsanleitung in reichlich kochendem Salzwasser bissfest garen. Die Paprika putzen, waschen und in dünne Streifen schneiden. Kirschtomaten waschen und halbieren. Den Rucola verlesen, waschen und trocken schleudern. Die Gewürzgurken fein würfeln. Die Erbsen in ein Sieb geben, mit kochendem Wasser übergießen und abschrecken. Den Schnittlauch in feine Röllchen schneiden.

2 Für das Dressing Sojaghurt, Mayonnaise, Mandelmus, Gurkenlake, Hefeflocken, geräuchertes Paprikapulver und Zitronensaft in eine Schüssel geben und verrühren. Mit Salz und Pfeffer abschmecken.

3 Das Dressing mit Nudeln, Tomaten und Paprika mischen, mit dem Rucola und mit den gewürfelten Gewürzgurken bestreut servieren.

ZUBEREITUNG	UTENSILIEN	ANZAHL	NÄHRWERTE
ca. 30 Minuten	—	4 Portionen	pro Portion ca. 484 kcal, 15 g E, 22 g F, 53 g KH

QUINOA-BOWL

– MIT EDAMAME UND QUICK-KIMCHI –

FÜR 4 PORTIONEN

Für den Quick-Kimchi:

300 g	**Chinakohl**
1	**Lauchzwiebel**
1	**kleine Möhre**
	Salz
1	**Knoblauchzehe**
1	**rote Chilischote**
2 EL	**Sojasauce**
50 ml	**Sauerkrautsaft**
1 TL	**Rohrrohrzucker**

Für das Dressing:

80 ml	**Gemüsebrühe**
50 g	**Erdnussbutter**
2 EL	**Sojasauce**
1 EL	**Srirachasauce**
1 EL	**Reisweinessig**
1 TL	**Rohrrohrzucker**

Außerdem:

250 g	**bunter Quinoa**
	Salz, Pfeffer
200 g	**TK-Edamame-Kerne**
2	**reife Avocados**
4 EL	**Mandelblättchen**
200 g	**grüner Spargel**
1	**Knoblauchzehe**
1 EL	**Olivenöl**
1 TL	**Sesamöl**
1 EL	**Sojasauce**
2	**Champignons**
1 Beet	**Kresse (z. B. Shiso)**

1 Für den Quick-Kimchi den Chinakohl putzen, waschen, vierteln, Strunk entfernen und die Viertel in ca. 3 x 3 cm große Stücke schneiden. Die Lauchzwiebel putzen und waschen, die Möhre schälen. Lauch in feine Streifen, Möhre in feine Stifte schneiden. Alles mit 2 EL Salz durchkneten, ca. 30 Minuten marinieren.

2 Alle Zutaten für das Dressing verrühren. Quinoa in einem Sieb mit heißem Wasser abspülen, dann mit 500 ml Wasser und 1 Prise Salz in einem Topf zum Kochen bringen. Zugedeckt bei milder Hitze ca. 15 Minuten köcheln. Vom Herd nehmen und weitere ca. 10 Minuten quellen lassen.

3 Edamame 3–4 Minuten in kochendem Salzwasser garen, abschrecken und abtropfen lassen. Avocados halbieren, Steine entfernen. Fruchtfleisch mit einem Löffel aus den Schalen heben und in Spalten schneiden.

4 Für den Kimchi den Knoblauch schälen. Mit der Chili fein hacken. Mit Sojasauce, Sauerkrautsaft und Rohrzucker verrühren. Den Kohl-Mix unter kaltem Wasser abspülen und gründlich abtropfen lassen. Chili-Mix zugeben, 2–3 Minuten durchkneten.

5 Mandelblättchen anrösten. Vom Spargel die holzigen Enden abschneiden, Stangen im unteren Drittel schälen, waschen, in dünne Scheiben schneiden. Knoblauch schälen, würfeln. Oliven- und Sesamöl erhitzen, Spargel und Knoblauch darin scharf anbraten. Mit Sojasauce ablöschen, salzen und pfeffern.

6 Champignons putzen, dünn hobeln. Kresse vom Beet schneiden. Quinoa in 4 Schalen füllen. Avocado, Kimchi, Spargel, Mandeln, Edamame und Champignons darauf verteilen. Mit Dressing begießen, mit Kresse bestreuen.

ZUBEREITUNG	UTENSILIEN	ANZAHL	NÄHRWERTE
ca. 45 Minuten	—	4 Portionen	pro Portion ca. 449 kcal, 20 g E, 26 g F, 33 g KH

GNOCCHI

– MIT KICHERERBSEN-TOMATENSAUCE –

FÜR 4 PORTIONEN

Für die Gnocchi:

1 kg	**Kartoffeln, mehligkochend**
250–300 g	**Dinkelmehl**
40 g	**Hartweizengrieß** **+ etwas zum Bearbeiten**
	Salz
	Muskat

Für die Tomatensauce:

2	**Zwiebeln**
1	**Knoblauchzehe**
400 g	**Kichererbsen (aus der Dose)**
8 Stiele	**Thymian**
2 EL	**Olivenöl**
1 TL	**Zucker**
400 g	**stückige Tomaten (aus der Dose)**
3 EL	**vegane Schlagcreme**
	Salz
	Chiliflocken
	Basilikumblättchen

1 Für die Gnocchi den Backofen auf 200 Grad vorheizen. Die Kartoffeln gründlich waschen, mehrfach mit einer Gabel einstechen und dann auf einem Backblech im heißen Ofen auf der mittleren Schiene 45–50 Minuten garen.

2 Die Kartoffeln noch warm pellen und durch eine Presse drücken. Die Kartoffelmasse danach etwas abkühlen lassen. Mehl, Gries, 1 Prise Salz und Muskat in einer Schüssel verrühren.

3 Für die Sauce die Zwiebeln schälen und in feine Streifen schneiden. Den Knoblauch schälen und in dünne Scheiben schneiden. Die Kichererbsen abtropfen lassen. Die Thymianblättchen von den Stielen zupfen und hacken. Knoblauch und Zwiebeln in einem Topf in heißem Öl andünsten, Zucker dazugeben und kurz schmelzen lassen. ²/₃ vom Thymian, stückige Tomaten, Schlagcreme und 100 ml Wasser hinzufügen, mit Salz und Chiliflocken würzen. Die Sauce ca. 20 Minuten ohne Deckel köcheln lassen. Dann erst die Kichererbsen untermischen.

4 Für die Gnocchi die Mehlmischung portionsweise unter die abgekühlte Kartoffelmasse kneten, bis der Teig nicht mehr klebrig ist. Den Teig halbieren. Jede Hälfte auf einer mit etwas Grieß bestreuten Arbeitsfläche zu Rollen von ca. 2 cm Ø formen. Diese in ca. 2 cm breite Gnocchi teilen.

5 Reichlich Salzwasser zum Kochen bringen, die Gnocchi vorsichtig hineingleiten lassen, einmal kurz aufkochen, dann bei milder Hitze ca. 3 Minuten gar ziehen lassen. Mit der Schaumkelle herausheben und mit der Kichererbsen-Tomatensauce anrichten. Mit dem restlichen Thymian und Basilikumblättchen bestreut servieren.

ZUBEREITUNG	UTENSILIEN	ANZAHL	NÄHRWERTE
ca. 1 Stunde 30 Minuten + Abkühlzeit	Backblech, Kartoffelpresse, Schaumkelle	4 Portionen	pro Portion ca. 627 kcal, 23 g E, 12 g F, 103 g KH

MASSAMAN-CURRY

– MIT KARTOFFELN UND BLUMENKOHL –

TÄGLICH

FÜR 4 PORTIONEN

400 g	Blumenkohl
1	rote Paprikaschote
2	Schalotten
1	Knoblauchzehe
400 g	Kartoffeln, festkochend
6 EL	Rapsöl
30-50 ml	Massaman-Currypaste
4	Kardamomkapseln
1	Zimtstange
3	Sternanis
400 ml	Kokosmilch (aus der Dose)
2 EL	Sojasauce
	Salz, Pfeffer
1–2 TL	Palmzucker
1 EL	Tamarindenpaste
4	Kaffirlimettenblätter (alternativ abger. Bio-Limettenschale)
60 g	geröstete Erdnüsse (ungesalzen)
4 Stiele	Thaibasilikum

1 Den Blumenkohl waschen, putzen und in Röschen teilen. Die Stiele klein schneiden. Die Paprika vierteln, putzen, waschen und würfeln. Schalotten und Knoblauch schälen, beides fein würfeln. Die Kartoffeln schälen, waschen und vierteln.

2 2 EL Öl in einem Topf erhitzen. Den Blumenkohl darin in 2 Portionen 2–3 Minuten rundherum bei starker Hitze anrösten und herausnehmen.

3 Das restliche Öl in einem Topf erhitzen. Schalotten und Knoblauch darin glasig dünsten. Danach Currypaste, Kardamom, Zimtstange und Sternanis dazugeben und 1–2 Minuten anrösten. Die Kartoffeln hinzufügen und kurz mitdünsten. Kokosmilch, Sojasauce, Salz und Zucker zugeben und mit Wasser bedecken. Das Curry aufkochen und zugedeckt ca. 25 Minuten garen.

4 Blumenkohl, Paprika, Tamarindenpaste, Kaffirblätter, 2 EL Erdnüsse und die Hälfte der Thaibasilikumblätter hinzufügen. Das Curry weitere ca. 15 Minuten offen garen, bis das Gemüse weich ist (ggf. etwas Wasser zugießen).

5 Die restlichen Erdnüsse grob hacken. Das Curry mit Salz, Pfeffer und Sojasauce abschmecken, mit dem restlichen Thaibasilikum und den gehackten Erdnüssen bestreuen. Kaffirblätter entfernen und servieren. Dazu passt Jasminreis.

TIPP Anstelle der Tamarindenpaste kann man auch Limettensaft und braunen Zucker im Verhältnis 1:1 hinzugeben.

ZUBEREITUNG	UTENSILIEN	ANZAHL	NÄHRWERTE
ca. 1 Stunde	—	4 Portionen	pro Portion ca. 241 kcal, 13 g E, 9 g F, 27 g KH

WOCHENENDE

oder ein Kochmarathon? Egal, was das Wochenende bringt: GENUSS wird großgeschrieben!

Rezepte für

37

Soulfood-Momente

Übrig gebliebenen
veganen Feta-
Ersatz für die
Potato-Wedges
verwenden:
S. 126

GEMÜSE-DÖNER

– IM FLADENBROT –

FÜR 4 STÜCK

200 g	**Kartoffeln**
1	**Zucchini**
1	**Aubergine**
1	**Möhre**
1	**rote Paprika**
2	**rote Zwiebeln**
3	**Knoblauchzehen**
80 ml	**Olivenöl**
	Salz, Pfeffer
½ TL	**Kreuzkümmel**
½ TL	**Oregano**
1 TL	**Pul Biber**
200 g	**Rotkohl**
3-5 EL	**Zitronensaft**
	Zucker
½	**Salatgurke**
2	**Tomaten**
1 Bund	**Petersilie**
4 Stiele	**Minze**
3 Zweige	**Dill**
150 g	**Sojaghurt**
1	**Fladenbrot**
100 g	**veganer Feta-Ersatz**

Für das Ezme (scharfer Gewürz-Dip):

2	**Tomaten**
1	**rote Spitzpaprika**
1	**große rote Chili**
1	**rote Zwiebel**
2	**Knoblauchzehen**
½	**Bund Petersilie**
	Salz, Pfeffer

1 Den Backofen auf 220 Grad vorheizen. Kartoffeln, Zucchini und Aubergine waschen und in Scheiben schneiden. Die Möhre schälen und ebenfalls schneiden. Die Paprika waschen, putzen, entkernen und in Streifen schneiden. Die roten Zwiebeln schälen und in Spalten schneiden. 2 Knoblauchzehen schälen und anschließend andrücken.

2 Das geschnittene Gemüse mit dem Öl und 50 ml Wasser in einer Schüssel mischen und mit Salz, Pfeffer, Kreuzkümmel, Oregano und Pul Biber würzen. Auf einem Backblech verteilen und im heißen Ofen 30–40 Minuten rösten. Das Gemüse zwischendurch ein bis zweimal wenden.

3 Für das Ezme Tomaten, Paprika und Chili waschen und putzen. Zwiebel und Knoblauch schälen. Die vorbereiteten Zutaten sowie die Petersilie grob schneiden und anschließend alles im Mixer mittelfein pürieren. Mit Salz und Pfeffer abschmecken und die Masse in einem Sieb abtropfen lassen.

4 Den Rotkohl waschen, putzen, in feine Streifen schneiden und mit Zitronensaft, 1 Prise Salz und Zucker vermengen. Gurke und Tomaten waschen und fein würfeln, dann die Kräuter von den Stielen zupfen, fein schneiden und untermischen. Salzen und pfeffern. Für die Sauce die übrige Knoblauchzehe schälen, durch eine Presse zum Sojaghurt drücken und mit Salz und Pfeffer verrühren. Feta zerbröseln.

5 Das Gemüse aus dem Ofen nehmen und mit Salz und Pfeffer abschmecken. Das Fladenbrot im Ofen erwärmen, vierteln und einschneiden. Ezme und Sojaghurtsauce auf den Schnittflächen verteilen und mit Rotkohl, Ofengemüse und Tomaten-Gurken-Salat füllen. Mit Feta bestreuen, mit dem restlichen Sojaghurt und Ezme beträufeln und servieren.

ZUBEREITUNG	UTENSILIEN	ANZAHL	NÄHRWERTE
ca. 50 Minuten	Backblech, Knoblauchpresse	4 Stück	pro Stück ca. 383 kcal, 14 g E, 13 g F, 51 g KH

SOMMERROLLEN

– MIT SESAM- UND LIMETTENSAUCE –

WOCHENENDE

FÜR 4 PORTIONEN

Für die Sommerrollen:

150 g	**Kochdinkel**
3	**Knoblauchzehen**
2 Stiele	**Zitronengras**
2 EL	**Sesamöl**
3 5 El	**vegane „Braten"-Sauce**
2 EL	**Sojasauce**
2 EL	**Sweet-Chili-Sauce**
3–5 EL	**Limettensaft**
	Salz, Pfeffer
2	**Schalotten**
100 g	**Glasnudeln**
½	**Salatgurke**
200 g	**Rotkohl**
6 Stiele	**Thaibasilikum**
1 Bund	**Koriander**
6 Stiele	**Zitronenmelisse**
1	**Römersalatherz**
20	**Reispapierblätter**

Für die Saucen:

2 EL	**Hoisinsauce**
1 EL	**Srirachasauce**
5 EL	**Sojasauce**
5 ELw	**Sweet-Chili-Sauce**
1 EL	**Apfelessig**
80 ml	**Limettensaft**
1 EL	**brauner Zucker**
1	**Knoblauchzehe**
1	**rote Chilischote**
6 Stiele	**Koriander**

1 Dinkel nach Packungsanleitung in kochendem Wasser garen. Anschließend in einem Sieb abtropfen lassen.

2 Inzwischen den Knoblauch schälen und fein hacken. Das Zitronengras waschen, putzen und nur das weiße Innere fein hacken. Öl in einer Pfanne erhitzen, den Knoblauch darin goldgelb braten. Das Zitronengras zugeben und kurz mitbraten. Mit „Braten"-, Soja- und Sweet-Chili-Sauce ablöschen, einkochen lassen und in eine Schüssel füllen. Dinkel dazugeben und mit Limettensaft, Salz und Pfeffer würzen. Die Schalotten schälen, in feine Scheiben schneiden und untermischen.

3 Für die Sesamsauce Hoisin-, Sriracha-, 2 EL Soja- und Sweet-Chili-Sauce mit dem Essig und 2–3 EL Wasser verrühren.

4 Für die Limettensauce die restliche Sojasauce mit dem Limettensaft, Zucker und 80 ml kaltem Wasser verrühren. Den Knoblauch schälen, die Chili waschen und putzen, beides fein würfeln. Den Koriander mit den zarten Stielen fein schneiden. Die Zutaten unter die Sauce mischen und ca. 10 Minuten ziehen lassen.

5 Glasnudeln nach Packungsanleitung garen und abtropfen lassen. Die Gurke heiß waschen und in feine Streifen schneiden. Den Rotkohl waschen, putzen, vierteln, den Strunk keilförmig herausschneiden und den Kohl in feine Streifen schneiden. Die Kräuterblättchen von den Stielen abzupfen. Den Römersalat putzen, waschen, trocken schütteln und in kleine Stücke zupfen.

6 Die Reispapierblätter nacheinander in kaltes Wasser tauchen und auf einem feuchten Küchentuch ausbreiten. Mit Salat, Gurken, Kohl, Glasnudeln, Kräutern und Dinkel belegen. Jedes Reispapier wie eine Frühlingsrolle zusammenrollen, auf einer Platte anrichten und mit den Saucen servieren.

ZUBEREITUNG	UTENSILIEN	ANZAHL	NÄHRWERTE
ca. 1 Stunde	Sieb	4 Portionen	pro Portion ca. 350 kcal, 11 g E, 5 g F, 64 g KH

Die „Braten"-Sauce gibt's auf S. 155

Die bunt gefüllten Rollen stammen
ursprünglich aus Vietnam. Sie
lassen sich mit jeder Art von Gemüse
füllen und eignen sich so hervorragend
für übrige Zutaten aus anderen Rezepten.

Gefüllte Paprika schmecken auch hervorragend vom Grill. Legen Sie die Schoten möglichst am Rand der Grillkohle auf den Rost, damit sie von unten nicht verbrennen.

GEFÜLLTE PAPRIKA

– MIT BULGUR UND BAHARAT –

FÜR 4 PORTIONEN

850 ml	**Gemüsebrühe**
90 ml	**Olivenöl**
	Salz, Pfeffer
250 g	**feiner Bulgur**
40 g	**Walnusskerne**
3	**getrocknete Feigen**
3	**Zwiebeln**
1	**Knoblauchzehe**
1 EL	**Baharat (trad. arabische Gewürzmischung)**
1 TL	**Paprikapulver, scharf**
50 g	**Tomatenmark**
1 Bund	**Petersilie**
5	**Paprikaschoten (rot und gelb)**
400 g	**stückige Tomaten (aus der Dose)**
	Zucker

1 600 ml Brühe mit 2 EL Olivenöl und ½ TL Salz in einem Topf aufkochen. Den Bulgur untermischen, vom Herd nehmen und ca. 10 Minuten zugedeckt quellen lassen.

2 Die Walnüsse grob hacken, die Feigen würfeln. Die Zwiebeln schälen und fein würfeln. Den Knoblauch schälen, fein hacken. 2 EL Olivenöl in einer großen Pfanne erhitzen. Knoblauch und ⅔ der Zwiebeln darin glasig dünsten. Baharat, Paprikapulver und Tomatenmark zugeben und unter Rühren anrösten. Bulgur, ⅔ der Walnüsse und die Feigen untermischen. Die Petersilie mit zarten Stielen fein hacken, ⅔ untermischen und alles salzen und pfeffern.

3 Den Backofen auf 180 Grad (Umluft nicht empfehlenswert) vorheizen. Die Paprika waschen, die Deckel der Schoten abschneiden. Kerne und Trennhäute aus den Schoten entfernen, dann auf der Unterseite leicht begradigen, damit sie nicht umfallen. Die Paprikaschoten mit der Bulgurmasse füllen.

4 Restliches Öl in einem Bräter oder einer Auflaufform aus Emaille erhitzen und die restlichen Zwiebeln darin glasig dünsten. Stückige Tomaten sowie die restliche Brühe hinzufügen und mit Salz und 1 Prise Zucker würzen. Dann aufkochen und die Paprikaschoten und -deckel nebeneinander hineinsetzen. Im heißen Ofen auf unterer Schiene 35–40 Minuten garen. Ca. 10 Minuten vor Ende der Garzeit die Deckel auf die Schoten setzen. Die gefüllten Paprika mit restlichen Walnüssen und Petersilie bestreut servieren.

TIPP Die Baharat Gewürzmischung lässt sich auch selber herstellen. Dazu 3 TL Paprikapulver, 3 TL schwarzen Pfeffer, 1 TL Zimt, 1 TL Koriandersamen, 1 TL Kreuzkümmel, 1 Prise Muskat, 1 Prise Nelke und 1 Prise Kardamom im Mörser zu einem feinen Pulver zerstoßen.

ZUBEREITUNG	UTENSILIEN	ANZAHL	NÄHRWERTE
ca. 1 Stunde 10 Minuten	große Pfanne, Bräter	4 Portionen	pro Portion ca. 542 kcal, 13 g E, 26 g F, 62 g KH

HASSELBACK-BUTTERNUT-KÜRBIS

— MIT GEBRATENEM ROSENKOHL —

Für den Kürbis:

2	**Butternut-Kürbisse (à ca. 900 g)**
50 ml	**Olivenöl**
	Salz, Pfeffer
1	**Knoblauchzehe**
60 g	**vegane Margarine**
1 EL	**Apfeldicksaft**
2 EL	**Weißweinessig**
1 EL	**Sojasauce**
1 EL	**helle Misopaste**
	Muskat
	Cayennepfeffer
4 Zweige	**Thymian**
60 g	**Pekannüsse**
12	**Lorbeerblätter**
12	**Salbeiblätter**

Für den Dip:

½ Bund	**Schnittlauch**
200 g	**Sojaghurt**
1 EL	**Zitronensaft**
1 TL	**abger. Bio-Zitronenschale**
	Salz, Pfeffer

Für den Rosenkohl:

600 g	**Rosenkohl**
2 EL	**Olivenöl**
	Salz, Pfeffer
50 g	**getrocknete Kirschen**

❶ Den Backofen auf 200 Grad vorheizen. Kürbisse längs halbieren, die Kerne mit einem Löffel entfernen, schälen, mit Olivenöl einreiben und mit den Schnittflächen nach unten auf ein mit Backpapier belegtes Backblech setzen. Mit Salz und Pfeffer würzen, ca. 15 Minuten backen.

❷ Das Backblech aus dem Ofen nehmen. Die 4 Kürbishälften im Abstand von 2–3 mm quer einschneiden, aber nicht durchschneiden. Anschließend weitere ca. 30 Minuten backen.

❸ Die Knoblauchzehe schälen, andrücken, mit der Margarine in einem Topf erhitzen. Apfeldicksaft, Weißweinessig, Sojasauce, Misopaste, 1 Prise Muskat und Cayennepfeffer dazugeben. Thymianblättchen abzupfen, hacken und ebenfalls zur Marinade in den Topf geben.

❹ Für den Dip den Schnittlauch in feine Röllchen schneiden. Den Sojaghurt mit Zitronensaft und -schale, Salz, Pfeffer und Schnittlauch verrühren.

❺ Die Pekannüsse grob hacken. Den Kürbis aus dem Ofen nehmen, Lorbeer- und Salbeiblätter in die Einschnitte stecken. Mit der Marinade bestreichen und mit 3 EL Pekannüssen bestreuen. Anschließend weitere ca. 15 Minuten backen.

❻ Den Rosenkohl waschen, putzen und halbieren. Das Olivenöl in einer Pfanne erhitzen und den Rosenkohl darin bei mittlerer Hitze ca. 6–8 Minuten braten. Mit Salz und Pfeffer würzen, dann die getrockneten Kirschen dazugeben und kurz erwärmen. Den Kürbis mit dem Rosenkohl und dem Dip anrichten und mit den restlichen Nüssen bestreut servieren.

ZUBEREITUNG	UTENSILIEN	ANZAHL	NÄHRWERTE
ca. 1 Stunde 10 Minuten	Sparschäler, Backpapier, Backblech	4 Portionen	pro Portion ca. 492 kcal, 14 g E, 32 g F, 35 g KH

Die Chilisauce gibt's auf S. 113

LOADED NACHOS

FÜR 4 PORTIONEN

1	Zwiebel
2	Knoblauchzehen
1	rote Spitzpaprika
400 g	schwarze Bohnen (aus der Dose)
2 EL	Sonnenblumenöl
1 TL	geräuchertes Paprikapulver, scharf
½ TL	gemahlener Kreuzkümmel
½ TL	getrockneter Thymian
1 TL	getrockneter Oregano
1 EL	Tomatenmark Salz, Pfeffer
1	rote Zwiebel
200 g	Kirschtomaten
1	reife Avocado
1	rote Chilischote
50 ml	Limettensaft Zucker
6 Stiele	Koriander
200 g	Nachos
100 g	veganer Reibekäse-Ersatz
1	Bio-Limette
4 EL	Jalapeñoscheiben
4–5 EL	vegane Crème fraîche
1–2 EL	Chilisauce

❶ Zwiebel und Knoblauch schälen, beides fein würfeln. Paprika waschen, putzen, klein schneiden. Bohnen abtropfen lassen. Öl in einer Pfanne erhitzen, Knoblauch und Zwiebeln darin andünsten. Paprika zugeben, wenig später Paprikapulver, Kreuzkümmel, Thymian und Oregano. Alles kurz mitdünsten. Bohnen, Tomatenmark und 100 ml Wasser hinzufügen, salzen und pfeffern. Ca. 10 Minuten köcheln lassen. Den Backofen auf 170 Grad vorheizen.

❷ Rote Zwiebel schälen, Tomaten waschen, beides würfeln. Avocado halbieren, den Stein entfernen, das Fruchtfleisch aus der Schale heben und fein würfeln. Chili in dünne Ringe schneiden. Alles mit Limettensaft, Salz, Pfeffer und Zucker würzen. Koriander grob hacken. Nachos auf ein mit Backpapier ausgelegtes Backblech geben. Bohnenmischung darauf verteilen, Reibekäse darüberstreuen und 5–10 Minuten überbacken.

❸ Limette heiß waschen, in Spalten schneiden. Avocado-Salsa, Jalapeños, Crème fraîche und Koriander auf den Nachos verteilen, mit Chilisauce beträufeln. Limettenspalten dazu servieren.

ZUBEREITUNG	UTENSILIEN	ANZAHL	NÄHRWERTE
ca. 35 Minuten	Backpapier, Backblech	4 Portionen	pro Portion ca. 707 kcal, 19 g E, 48 g F, 48 g KH

ELOTE-MAISKOLBEN

FÜR 4 PORTIONEN

60 g	Tomaten
1	Knoblauchzehe
4	getrocknete Chilischoten
	Salz
2 EL	Apfelessig
1	rote Zwiebel
6	Kirschtomaten
2 EL	Limettensaft
½ TL	getrockneter Oregano
4 EL	gerösteter Mais
6 Stiele	Koriander
4	Maiskolben
2 EL	vegane Margarine
4 EL	vegane Crème fraîche
50 g	veganer Parmesan-Ersatz

1 Für die Chilisauce die Tomaten waschen und halbieren. Knoblauch schälen und mit den Chilis in einem kleinen Topf ohne Fettzugabe vorsichtig anrösten. Dann Tomaten, ½ TL Salz, den Essig und 100 ml Wasser dazugeben und ca. 10 Minuten köcheln lassen. Im Mixer pürieren.

2 Die Zwiebel schälen, die Kirschtomaten waschen und beides fein würfeln. Mit Limettensaft, Oregano und 1 Prise Salz mischen. Die gerösteten Maiskörner im Mörser zerstoßen. Den Koriander hacken.

3 Maiskolben waschen und in Salzwasser ca. 8 Minuten kochen. Herausnehmen und trocken tupfen. Mit Margarine bestreichen und in einer geölten Grillpfanne rundherum grillen. Kolben herausnehmen, mit Crème fraîche einpinseln und im Parmesan wälzen. Mit Tomaten, Zwiebeln, Koriander und Mais anrichten. Mit Chilisauce beträufelt servieren.

ZUBEREITUNG	UTENSILIEN	ANZAHL	NÄHRWERTE
ca. 30 Minuten	Mixer, Grillpfanne	4 Portionen	pro Portion ca. 186 kcal, 9 g E, 10 g F, 14 g KH

BÁNH XÈO

– GEFÜLLTE VIETNAMESISCHE CRÊPES –

FÜR 4 PORTIONEN

150 g	**Reismehl**
2 EL	**Kichererbsenmehl**
	Salz
½ TL	**Kurkuma**
300 ml	**Kokosmilch**
	(aus der Dose)
12	**getrocknete**
	Shiitakepilze
1	**Knoblauchzehe**
1	**rote Chilischote**
1 EL	**Palm- oder Kokos-**
	blütenzucker
Saft von 1	**Limette**
80 ml	**helle Sojasauce**
2	**Römersalatherzen**
200 g	**Mungobohnensprossen**
1	**Möhre**
3	**Lauchzwiebeln**
1 Bund	**Koriander**
1 Bund	**Minze**
90 ml	**Rapsöl**
2 EL	**Sojasauce**

① Beide Mehlsorten mit ½ TL Salz und Kurkuma mischen. Mit der Kokosmilch und 350 ml kaltem Wasser zu einem glatten Teig verquirlen und ca. 1 Stunde zugedeckt kalt stellen. Die Shiitakepilze in heißem Wasser ca. 20 Minuten einweichen.

② Für die Knoblauch-Limetten-Sauce den Knoblauch fein würfeln. Die Chilischote waschen und fein hacken. Dann Zucker, Limettensaft und die helle Sojasauce verrühren. Chili und Knoblauch untermischen.

③ Die Blätter der Salatherzen lösen, waschen. Die Sprossen waschen und in einem Sieb abtropfen lassen. Die Möhre schälen und mit dem Sparschäler dünne Streifen abziehen. Die Lauchzwiebeln putzen, waschen und in feine Ringe schneiden. Die Kräuterblättchen von den Stielen abzupfen. Die Pilze abgießen, gründlich ausdrücken und halbieren. 2 EL Öl in einer Pfanne erhitzen und die Pilze darin scharf anbraten. Mit Sojasauce ablöschen und aus der Pfanne nehmen.

④ 1 EL Öl in einer beschichteten Pfanne stark erhitzen. Je Crêpe 1 Kelle Teig in die Pfanne geben und durch Schwenken verteilen. Mit Lauchzwiebelringen, Pilzen und Möhren bestreuen und ca. 3 Minuten backen, bis der Teig am Rand zu bräunen beginnt und sich vom Pfannenboden löst (sonst ggf. mehr Öl zugeben). Auf einer Hälfte Sprossen und Kräuter verteilen, den Crêpe zusammenklappen und herausnehmen. Auf diese Weise insgesamt 4 Crêpes herstellen.

⑤ Die Crêpes längs in Streifen schneiden, in die Salatblätter wickeln und mit etwas Knoblauch-Limetten-Sauce beträufelt servieren.

ZUBEREITUNG	UTENSILIEN	ANZAHL	NÄHRWERTE
ca. 30 Minuten + 1 Stunde Kühlzeit	Sieb, Sparschäler, beschichtete Pfanne	4 Portionen	pro Portion ca. 436 kcal, 8 g E, 24 g F, 47 g KH

AUSTERNPILZ-GYROS

– MIT REIS UND KRAUTSALAT –

FÜR 4 PORTIONEN

Für den Salat:

500 g	**Weißkohl**
	Salz, Pfeffer
1 EL	**Zucker**
2	**Zwiebeln**
3 Stiele	**Petersilie**
80 ml	**Sonnenblumenöl**
90 ml	**Weißweinessig**

Für den Dip:

1	**Mini-Gurke**
3	**Knoblauchzehen**
2 Stiele	**Minze**
200 g	**Sojaghurt**
120 ml	**Olivenöl**

Für das Gyros:

2 TL	**getrockneter Oregano**
½ TL	**getrockneter Thymian**
1 TL	**Paprikapulver, edelsüß**
½ TL	**gemahlener Koriander**
2 EL	**Zitronensaft**
500 g	**Austernpilze**

Für den Reis:

180 g	**Langkornreis**
300 g	**passierte Tomaten (aus der Dose)**
300 ml	**Gemüsebrühe**
1	**rote Zwiebel**

1 Kohl putzen, waschen, vierteln, Strunk keilförmig herausschneiden. Kohl in feine Streifen schneiden, in eine Schüssel geben, mit 1 TL Salz und Zucker bestreuen und kurz mit den Händen durchkneten. 1 Zwiebel schälen und in feine Streifen schneiden. Petersilie fein schneiden. Sonnenblumenöl und Weißweinessig verrühren und mit den Zwiebelstreifen und der Hälfte der Petersilie vermischen. Salat ca. 1 Stunde kalt stellen.

2 Die Gurke heiß waschen und grob reiben. 1 Knoblauchzehe schälen und zusammen mit den Minzblättchen fein hacken. Den Sojaghurt mit Salz, Pfeffer und 2 EL Olivenöl verrühren. Knoblauch, Minze und Gurke untermischen.

3 Für das Gyros 1 Knoblauchzehe schälen, andrücken und in einer Schüssel mit 2 EL Öl, Oregano, Thymian, ½ TL Paprikapulver, Koriander, Zitronensaft, Salz und Pfeffer vermischen. Die Pilze säubern, in Streifen zupfen, mit dem Gewürzöl vermengen und ca. 20 Minuten ziehen lassen.

4 Den Reis in einem Sieb waschen und abtropfen lassen. Die übrige Zwiebel und die übrige Knoblauchzehe schälen, beides fein würfeln und mit 2 EL Olivenöl in einem Topf glasig dünsten. Restliches Paprikapulver zugeben und kurz mitdünsten. Passierte Tomaten, Gemüsebrühe und ½ TL Salz hinzufügen und aufkochen. Reis zugeben, bei milder Hitze zugedeckt 20–25 Minuten garen.

5 Die rote Zwiebel schälen und in Ringe schneiden, in einem Sieb abspülen und abtropfen lassen. Die Zwiebelringe mit 1 EL Zitronensaft, 1 Prise Salz und dem Rest der gehackten Petersilie mischen. 2 EL Olivenöl in einer Pfanne stark erhitzen. Die Pilzstreifen darin portionsweise knusprig braten. Mit Salz und Pfeffer würzen und mit Krautsalat, Tomatenreis, dem Dip und den marinierten Zwiebelringen servieren.

ZUBEREITUNG	UTENSILIEN	ANZAHL	NÄHRWERTE
ca. 1 Stunde + 1 Stunde Kühlzeit	Sieb	4 Portionen	pro Portion ca. 743 kcal, 11 g E, 53 g F, 48 g KH

Austernpilze sind genial: Mit ihrem feinen Geschmack und der festen Konsistenz eignen sie sich optimal zum Braten und Grillen.

TOFU-STICKS

– MIT SWEET-CHILI-SAUCE –

FÜR 4 PORTIONEN

Für die Tofu-Sticks:

600 g	**Tofu**
2 TL	**Sesamöl**
2 TL	**Ahornsirup**
80 ml	**Sojasauce**
1 EL	**Reisessig**
20 g	**Ingwerwurzel**
1	**Knoblauchzehe**
100 ml	**Pflanzendrink, z. B. Hafer**
50 g	**Mehl**
1 TL	**Senf**
	Salz
80 g	**Pankobrösel**
1 EL	**helle Sesamsaat**
1 EL	**schwarze Sesamsaat**

Für die Sweet-Chili-Sauce:

2	**Chilischoten**
2	**Knoblauchzehen**
1 TL	**Tomatenmark**
40–60 g	**brauner Zucker**
2 EL	**Apfelessig**
	Salz
1 EL	**Speisestärke**

Außerdem:

2	**Lauchzwiebeln**
	Rapsöl zum Braten

1 Den Tofu in ein sauberes Küchentuch wickeln und mit einem Brett und einem schweren Topf 20–30 Minuten pressen. Den Tofu anschließend in 1 cm dicke Stifte schneiden. Sesamöl, Ahornsirup, Sojasauce und Reisessig verrühren. Den Ingwer schälen und fein reiben. Die Knoblauchzehe schälen, andrücken. Beides mit der Marinade in einen Gefrierbeutel füllen, den Tofu zugeben und vorsichtig mischen. Die Luft aus dem Beutel drücken, verschließen, Mischung mindestens 5–6 Stunden kalt stellen.

2 Für die Sweet-Chili-Sauce die Chilischoten waschen und nach Belieben entkernen. Den Knoblauch schälen, beides fein hacken und in einen kleinen Topf geben. 200 ml Wasser, Tomatenmark, Zucker und Essig zugeben, mit Salz würzen und aufkochen. Speisestärke in wenig kaltem Wasser anrühren, Sauce damit binden und mit Salz, Zucker und Essig abschmecken.

3 Pflanzendrink, Mehl, Senf und 1 Prise Salz glatt rühren. Die Pankobrösel und beide Sorten Sesamsaat in einer Schale mischen. Die Lauchzwiebeln putzen, waschen und in dünne Scheiben schneiden, anschließend kalt abspülen und im Sieb abtropfen lassen.

4 Tofu aus der Marinade nehmen, trocken tupfen, durch die Pflanzendrink-Mischung ziehen, abtropfen lassen. In den Bröseln wenden, leicht andrücken. Öl in einer beschichteten Pfanne erhitzen, Tofu-Sticks 2–3 Minuten goldbraun braten. Auf Küchenpapier abtropfen lassen. Tofu-Sticks mit Sweet-Chili-Sauce anrichten und mit Lauchzwiebeln bestreut servieren.

ZUBEREITUNG	UTENSILIEN	ANZAHL	NÄHRWERTE
ca. 30 Minuten + 5–6 Stunden Marinierzeit	Gefrierbeutel, Sieb, beschichtete Pfanne	4 Portionen	pro Portion ca. 367 kcal, 20 g E, 14 g F, 42 g KH

GESCHMORTER WIRSING

– MIT PETERSILIENWURZELPÜREE –

WOCHENENDE

FÜR 4 PORTIONEN

Für den geschmorten Wirsing:

1	**kleine Zwiebel**
1	**kleiner Wirsingkohl**
4 EL	**Rapsöl**
1 TL	**Kümmelsaat**
2	**Lorbeerblätter**
1 TL	**Apfelessig**
200 ml	**Gemüsebrühe**
3 EL	**vegane Margarine**
	Salz, Pfeffer

Für das Petersilienwurzelpüree:

800 g	**Petersilienwurzeln**
300 ml	**Gemüsebrühe**
200 ml	**vegane Schlagcreme**
	Salz
1 EL	**Zitronensaft**

Für die Portweinschalotten:

250 g	**kleine Schalotten**
1 EL	**brauner Zucker**
250 ml	**Gemüsebrühe**
150 ml	**roter veganer Portwein**
80 ml	**Aceto balsamico**
3 Zweige	**Thymian**
	Salz
	evtl. Speisestärke

1 Backofen auf 180 Grad vorheizen. Die Zwiebel schälen und fein würfeln. Den Wirsing putzen, waschen und in 8 Spalten schneiden. 2 EL Öl in einem Bräter stark erhitzen. Die Wirsingspalten darin portionsweise 3–4 Minuten auf jeder Seite goldbraun braten und aus dem Bräter nehmen. Restliches Öl im Bräter erhitzen und die Zwiebeln darin glasig dünsten. Kümmel und Lorbeer zugeben und leicht anrösten. Mit dem Essig ablöschen. Den Wirsing in den Bräter geben, die Gemüsebrühe angießen, mit Margarineflöckchen belegen und mit Salz und Pfeffer würzen. Im heißen Ofen 40–45 Minuten offen schmoren.

2 Für das Püree die Petersilienwurzeln schälen und in ca. 2 cm große Stücke schneiden. Die Petersilienwurzeln mit der Brühe, der Schlagcreme und 1 Prise Salz in einen Topf geben und 15–20 Minuten weich garen. Anschließend in der Küchenmaschine fein pürieren. Mit Salz und dem Zitronensaft abschmecken und warm halten. Gegebenenfalls etwas Wasser hinzufügen.

3 Die Schalotten schälen, größere längs halbieren. Den Zucker in einem Topf hellbraun karamellisieren. Danach Brühe, Portwein und Aceto balsamico zugeben und bei starker Hitze auf 250 ml einkochen. Die Schalotten und 1 Zweig Thymian hinzufügen und erst zugedeckt ca. 5 Minuten, dann ohne Deckel weitere 5 Minuten köcheln lassen und salzen.

4 Die Schalotten mit einer Schaumkelle herausnehmen und in eine Schale füllen. Den Fond auf 150 ml sämig einkochen lassen. Bei Bedarf evtl. mit etwas in kaltem Wasser gelöster Speisestärke binden. Die Schalotten in den Fond geben und warm halten.

5 Die Wirsingspalten mit dem Petersilienwurzelpüree und den Portweinschalotten auf Tellern anrichten und mit dem restlichen Thymian bestreut servieren.

ZUBEREITUNG	UTENSILIEN	ANZAHL	NÄHRWERTE
ca. 1 Stunde 10 Minuten	Bräter, Küchenmaschine, Schaumkelle	4 Portionen	pro Portion ca. 455 kcal, 18 g E, 27 g F, 34 g KH

BURGER

BRÖTCHEN
Ob Weizen, Vollkorn, Ciabatta, Brioche oder welches auch immer: Die meisten lieben ihr veganes Burgerbrötchen weich und fluffig.

SALZ & PFEFFER
Ohne die winzigen weißen und schwarzen „Edelsteine" fehlt etwas. Sie sollten aber stets sparsam dosiert werden. Nachwürzen geht immer.

WALNÜSSE
Sie lockern das Burgerpatty etwas auf und sorgen für kleine Crunch-Momente beim Kauen. Cashewkerne oder andere Nüsse funktionieren aber auch.

TOMATENMARK
ist ein ziemlich guter „Entschärfer", weil es allzu würzige Noten abmildert. Es sorgt außerdem für eine leichte Süße und Cremigkeit.

CHAMPIGNONS
Sie verfügen über eine fleischähnliche Konsistenz, sorgen für die Umami-Geschmacksnote: herzhaft-intensiv und „fleischig".

ZWIEBELN
Ob darauf oder daneben, ob geröstet, eingelegt oder karamellisiert: Zwiebeln verleihen jedem Burger eine gute Portion Deftigkeit.

SCHWARZE BOHNEN
Aromatisch, würzig bis leicht süßlich: Schwarze Bohnen sind aus der mexikanischen Küche bekannt. Vor der Zubereitung am besten kurz waschen!

THYMIAN
Mit seinen ätherischen Ölen und der leicht herben Note verleiht Thymian dem Burger eine spannende Geschmacksnote.

BURGER-BUN

FÜR 4 STÜCK

- 300 g Mehl, Type 405 • 1 Pckg. Trockenhefe • Salz • 1 EL Zucker • 100 g weicher veganer Butter-Ersatz • 150 ml lauwarmer Haferdrink • 3 EL Sesamsaat

1 Mehl, Hefe, 1 TL Salz und Zucker in einer Schüssel mischen. 2 EL Butter und Haferdrink dazugeben. Alles mit den Knethaken des Handmixers 5–6 Minuten zu einem geschmeidigen Teig verarbeiten. Unter einem feuchten Tuch ca. 1 Stunde gehen lassen.

2 Teig erneut kneten, 4 Kugeln daraus formen. Kugeln in eine gefettete Auflaufform setzen und leicht andrücken. Abgedeckt unter einem feuchten Tuch ca. 45 Minuten gehen lassen.

3 Ofen auf 220 Grad vorheizen. Obere Seiten der Buns mit 2 EL Butter bestreichen und mit Sesam bestreuen. Im Ofen 15–20 Minuten auf mittlerer Schiene backen. Herausnehmen, mit übriger Butter bestreichen und ca. 10 Minuten mit einem feuchten Tuch bedecken. Auf einem Gitter verteilen und abgedeckt auskühlen lassen.

ZUBEREITUNG: ca. 35 Minuten + Gehzeit

NÄHRWERTE: pro Stück ca. 418 kcal, 10 g E, 17 g F, 55 g KH

UTENSILIEN: Handmixer, Auflaufform, Kuchengitter

SEITAN-PATTY

FÜR 4 STÜCK

- 150 g Champignons • 1 Zwiebel • 1 Knoblauchzehe • 90 ml Olivenöl • 50 g Tomatenmark • 80 ml kalte Gemüsebrühe • 2 EL Sojasauce • 1 EL Senf • ½ TL getrockneter Thymian • 1 TL geräuchertes Paprikapulver • Salz, Pfeffer • 2 EL Kichererbsenmehl • 180 g Seitanpulver

1 Die Pilze putzen, Zwiebel und Knoblauch schälen. Alles würfeln und in 4 EL heißem Öl 5 Minuten braten. Tomatenmark zugeben, unterrühren und anrösten.

2 Die Pilz-Mischung mit Brühe, der Sojasauce, Senf, Thymian, Paprikapulver, ½ TL Salz und Pfeffer im Mixer fein pürieren. Mit Mehl und Seitanpulver zu einem Teig verkneten (ggf. mehr Brühe zugeben). 30 Minuten ruhen lassen.

3 Ofen auf 180 Grad vorheizen. Blech mit Backpapier belegen, mit 1 EL Öl bepinseln. 4 Patties formen und ca. 35 Minuten auf dem Blech backen. Einmal wenden. Patties im übrigen Öl von jeder Seite 2–3 Minuten braten.

ZUBEREITUNG: ca. 1 Stunde + Ruhezeit

NÄHRWERTE: pro Stück ca. 323 kcal, 29 g E, 19 g F, 9 g KH

UTENSILIEN: Mixer, Backblech, Backpapier

BLACK-BEAN-PATTY

FÜR 4 STÜCK

- 40 g Walnüsse • 50 g kernige Haferflocken • 400 g schwarze Bohnen (aus der Dose) • 1 Knoblauchzehe • 1 Schalotte • ½ TL geräuchertes Paprikapulver • 1 Msp. Paprikapulver, rosenscharf • 1 TL Apfelessig • 1 EL Sojasauce • 1 EL Ahornsirup • Salz, Pfeffer

1 Walnüsse und Haferflocken in der Küchenmaschine mittelfein pürieren. Bohnen abtropfen lassen. Knoblauch und Schalotten schälen, beides fein würfeln und zur Walnuss-Haferflocken-Mischung geben. Dann beide Sorten Paprikapulver, Essig, Sojasauce, den Ahornsirup und ⅔ der Bohnen hinzufügen und im Puls-Modus fein pürieren.

2 Die restlichen Bohnen mit dem Kartoffelstampfer oder einer Gabel grob zerdrücken und unterheben. Salzen und pfeffern und ca. 10 Minuten ruhen lassen. Aus der Masse 4 Patties formen und in einer leicht geölten Pfanne auf jeder Seite 4–5 Minuten braten.

ZUBEREITUNG: ca. 20 Minuten + Ruhezeit

NÄHRWERTE: pro Stück ca. 250 kcal, 13 g E, 8 g F, 30 g KH

UTENSILIEN: Küchenmaschine, Kartoffelstampfer

Den Burger-Bun gibt's auf S. 123

Ein weiteres veganes Burger-Rezept gibt 's hier: edeka.de/veganer-burger

PORTOBELLO-BURGER

– MIT RUCOLA –

FÜR 4 STÜCK

6 Zweige	**Thymian**
1 Zweig	**Rosmarin**
2	**Knoblauchzehen**
150 ml	**Olivenöl**
1 EL	**abger. Bio-Zitronen-schale**
	Salz, Pfeffer
4	**Portobello-Pilze**
100 g	**vegane Mayonnaise**
4 TL	**grober Senf**
50 g	**Ketchup**
1 TL	**Zitronensaft**
2 EL	**Orangensaft**
1 TL	**Wasabipaste**
1 TL	**Srirachasauce**
50 g	**Rucola**
1 TL	**brauner Zucker**
2	**Tomaten**
4	**Burgerbrötchen**
60 ml	**veganer Frischkäse-Ersatz**

① Den Backofen auf 200 Grad vorheizen. Thymianblättchen und Rosmarinnadeln von den Stielen abzupfen und beides fein hacken. Den Knoblauch schälen und ebenfalls fein hacken. Zusammen mit 100 ml Olivenöl und der Zitronenschale in einer Schale mischen, mit Salz und Pfeffer würzen. Die Pilze säubern und die Stiele entfernen. Je 1 EL vom Würzöl in die Pilzkappen geben.

② Für die Cocktailsauce Mayonnaise, Senf, Ketchup, Zitronen-saft, Orangensaft, Wasabi und Srirachasauce verrühren und mit Salz und Pfeffer würzen.

③ Die Pilze mit der gefüllten Seite nach unten auf ein mit Backpapier belegtes Backblech setzen. Die Kappen mit etwas Würzöl bestreichen, im heißen Ofen ca. 15 Minuten backen. Dann wenden, restliches Würzöl in die Kappen geben und weitere 8–10 Minuten backen.

④ Den Rucola verlesen, waschen und trocken schleudern. ½ TL Salz, Zucker und Pfeffer auf einen flachen Teller geben. Die Tomaten waschen, quer in ca. 2 cm dicke Scheiben schneiden und mit jeweils einer Schnittfläche in die Salzmischung drücken. 2 EL Olivenöl in einer beschichteten Pfanne erhitzen und die Tomaten darin ca. 1 Minute auf den Schnittflächen braten. Die Tomaten wenden, einige Sekunden braten und danach auf den Pilzen verteilen.

⑤ Die Brötchen quer halbieren. Das restliche Olivenöl in einer großen Pfanne erhitzen und die Brötchen darin auf den Schnitt-flächen goldgelb rösten. Die Brötchenunterhälften mit Frischkäse bestreichen und jeweils mit einem Pilz und Rucola belegen. Mit Salz und Pfeffer würzen. Brötchendeckel mit der Cocktailsauce bestreichen, auf die Pilze setzen und sofort servieren.

ZUBEREITUNG	UTENSILIEN	ANZAHL	NÄHRWERTE
ca. 1 Stunde	Backpapier, Backblech, beschichtete Pfanne, große Pfanne	4 Stück	pro Stück ca. 646 kcal, 8 g E, 54 g F, 31 g KH

LOADED POTATO WEDGES

– MIT SOJAGHURT-DIP –

FÜR 4 PORTIONEN

Für die Kartoffelspalten:

1,4 kg	**Kartoffeln, festkochend**
2	**Knoblauchzehen**
120 ml	**Olivenöl**
	Salz, Pfeffer
½ TL	**getrockneter Thymian**
1 TL	**getrockneter Oregano**
½ TL	**gemahlener Koriander**
1 TL	**Paprikapulver, rosenscharf**
½ TL	**Räucherpaprikapulver**
1 Prise	**brauner Zucker**

Für den Sojaghurt-Dip:

100 g	**Sojaghurt**
1 EL	**Zitronensaft**
	Salz, Pfeffer

Außerdem:

4 EL	**schwarze Oliven, entsteint**
1	**rote Zwiebel**
150 g	**Kirschtomaten**
1	**Mini-Gurke**
4 Stiele	**Petersilie**
150 g	**veganer Feta-Ersatz**
12	**eingelegte Peperoni**
6 Stiele	**Oregano**
	Meersalzflocken
	Chiliflocken

① Den Backofen auf 220 Grad vorheizen. Die Kartoffeln gründlich abbürsten, trocken tupfen und in ca. 1 cm breite, längliche Spalten schneiden. Die Knoblauchzehen schälen und andrücken. Die Kartoffeln mit Olivenöl, 1 TL Salz, Pfeffer, Thymian, Oregano, Koriander, beiden Sorten Paprikapulver, 1 Prise Zucker und dem angedrückten Knoblauch vermengen. Alles auf einem mit Backpapier belegten Backblech verteilen. Im heißen Ofen 40–45 Minuten knusprig backen. Nach der Hälfte der Zeit einmal wenden.

② Inzwischen den Sojaghurt mit dem Zitronensaft verrühren und mit Salz und Pfeffer würzen. Die Oliven in Scheiben schneiden. Die Zwiebel schälen und in Ringe schneiden. Die Kirschtomaten waschen und halbieren. Die Mini-Gurke unter heißem Wasser abspülen und fein würfeln. Die Petersilie fein hacken und den Feta zerbröseln.

③ Die Kartoffelspalten auf Schalen verteilen und mit Oliven, Tomaten, Gurke, Peperoni und Zwiebeln belegen. Mit Feta, Petersilie, Oregano, Meersalz- und Chiliflocken bestreuen. Dazu den Sojaghurt-Dip servieren.

ZUBEREITUNG	UTENSILIEN	ANZAHL	NÄHRWERTE
ca. 1 Stunde	Backpapier, Backblech	4 Portionen	pro Portion ca. 563 kcal, 12 g E, 31 g F, 56 g KH

Die Kartoffelspalten sollten sich auf dem Blech nicht gegenseitig berühren – so backen sie gleichmäßiger und werden rundherum knusprig.

PORTOBELLO-OSSOBUCO

– MIT SÜSSKARTOFFELSTAMPF –

FÜR 4 PORTIONEN

300 g	**Zwiebeln**
100 g	**Möhren**
120 g	**Sellerie**
3	**Knoblauchzehen**
6	**Portobello-Pilze**
120 ml	**Olivenöl**
	Salz, Pfeffer
1 EL	**Tomatenmark**
100 ml	**Wermut**
60 ml	**Sojasauce**
300 ml	**Gemüsebrühe**
600 g	**passierte Tomaten (aus der Dose)**
2	**Lorbeerblätter**
50 g	**Haselnüsse**
½ Bund	**Petersilie**
1 EL	**abger. Bio-Zitronenschale**

Für den Kartoffelstampf:

300 g	**Kartoffeln, mehligkochend**
700 g	**Süßkartoffeln**
100 ml	**Pflanzendrink, z. B. Hafer**
	Muskat

1 Die Zwiebeln schälen und fein würfeln. Die Möhren putzen, schälen und in 1 cm große Würfel schneiden. Sellerie waschen, schälen, ebenfalls in 1 cm große Würfel schneiden. 2 Knoblauchzehen schälen, andrücken. Die Pilze säubern.

2 3–4 EL Olivenöl in einem Bräter erhitzen, die Pilze darin bei mittlerer Hitze ca. 2 Minuten braten, mit Salz und Pfeffer würzen und herausnehmen. Das restliche Öl im Bräter erhitzen. Zwiebeln, Möhren, Sellerie und Knoblauch dazugeben und 3–4 Minuten braten. Das Tomatenmark hinzufügen und unter Rühren 1–2 Minuten anrösten. Mit Wermut und Sojasauce ablöschen und stark einkochen. Brühe und passierte Tomaten zugeben, bei mittlerer Hitze ca. 20 Minuten offen köcheln. Lorbeer und Pilze hinzufügen. Weitere ca. 25 Minuten mit Deckel garen.

3 Für die Gremolata Haselnüsse in einer Pfanne ohne Fett anrösten, auf einem Teller abkühlen lassen und grob hacken. Petersilienblättchen von den Stielen zupfen und fein schneiden. Den restlichen Knoblauch schälen und fein hacken. Haselnüsse, Zitronenschale, Petersilie und Knoblauch mischen.

4 Beide Kartoffelsorten schälen, waschen, klein schneiden. Mit 1 TL Salz in einen Topf geben, knapp mit Wasser bedecken. Aufkochen, bei geschlossenem Deckel 20–25 Minuten weich garen.

5 Die Kartoffeln abgießen und ausdampfen lassen. Pflanzendrink in einem kleinen Topf erwärmen. Die Kartoffeln durch eine Presse drücken. Den Pflanzendrink untermischen und den Süßkartoffelstampf mit Salz, Pfeffer und Muskat würzen.

6 Sauce und Pilze mit Süßkartoffelstampf auf Tellern anrichten, mit etwas Gremolata bestreuen und servieren. Dazu die restliche Gremolata servieren.

ZUBEREITUNG	UTENSILIEN	ANZAHL	NÄHRWERTE
ca. 1 Stunde 30 Minuten	Bräter, Kartoffelpresse	4 Portionen	pro Portion ca. 386 kcal, 11 g E, 31 g F, 15 g KH

LINSEN-MOUSSAKA

– MIT BÉCHAMELSAUCE –

WOCHENENDE

FÜR 6 PORTIONEN

1 kg	**Auberginen**
ca. 200 ml	**Olivenöl**
	Salz, Pfeffer
2	**Zwiebeln**
1	**Knoblauchzehe**
80 g	**Knollensellerie**
1	**kleine Möhre**
1	**frische rote Chilischote**
2 EL	**Tomatenmark**
250 g	**Tellerlinsen**
400 g	**passierte Tomaten (aus der Dose)**
2	**Lorbeerblätter**
1 EL	**Aceto balsamico**
150 g	**Kirschtomaten**
2 Stiele	**Petersilie**

Für die Béchamelsauce:

100 g	**vegane Margarine**
100 g	**Mehl**
200 g	**vegane Schlagcreme**
250 ml	**Pflanzendrink, z. B. Hafer**
100 g	**Cashewmus**
100 g	**veganer Käse-Ersatz**

❶ Die Auberginen waschen, putzen, in ½–1 cm dicke Scheiben schneiden. Den Boden einer großen Pfanne großzügig mit Öl bedecken und erhitzen. Auberginen darin portionsweise von jeder Seite in 2–3 Minuten goldbraun braten.

❷ Gebratene Auberginen in ein mit Küchenpapier ausgelegtes Sieb geben, damit das Öl abtropfen kann, leicht salzen. Dann das Sieb 1 Stunde beiseitestellen, das Fett abtropfen lassen.

❸ Zwiebeln und Knoblauch schälen und fein würfeln. Sellerie und Möhre schälen und fein reiben. Die Chili waschen und fein hacken. 40 ml Öl in einem Topf erhitzen und die Zwiebeln darin unter ständigem Rühren 3–4 Minuten andünsten. Chili, Knoblauch, Sellerie und Möhren zugeben und kurz mitdünsten. Das Tomatenmark hinzufügen und 1–2 Minuten anrösten.

❹ Linsen, passierte Tomaten und Lorbeer zugeben und 1 l Wasser angießen. Aufkochen, Hitze reduzieren, die Linsen ca. 50 Minuten weich garen. Mit Aceto balsamico, Salz und Pfeffer würzen. Für die Béchamelsauce die Margarine im Topf schmelzen. Mehl einrühren, Schlagcreme und Pflanzendrink angießen, dann Cashewmus und die Hälfte vom Käse unterrühren. Béchamelsauce mit Salz und Pfeffer abschmecken. Die Kirschtomaten waschen und halbieren.

❺ Ofen auf 200 Grad Umluft vorheizen. Eine Auflaufform (ca. 20 x 30 cm) mit der Hälfte der Auberginen leicht überlappend auslegen. Linsen darübergeben, mit übrigen Auberginen belegen. Sauce, restlichen Käse und Tomaten darauf verteilen. Im Ofen ca. 20 Minuten backen, dann Hitze auf 180 Grad reduzieren und für weitere 15–20 Minuten goldgelb überbacken. Herausnehmen, ca. 20 Minuten ruhen lassen und mit gehackter Petersilie bestreuen.

ZUBEREITUNG	UTENSILIEN	ANZAHL	NÄHRWERTE
ca. 2 Stunden + Wartezeit	Küchenpapier, Sieb, rechteckige Auflaufform	6 Portionen	pro Portion ca. 773 kcal, 22 g E, 54 g F, 47 g KH

PIZZA
MARGHERITA

PIZZA
CON PATATE

PIZZA

– PIZZA MARGHERITA UND PIZZA CON PATATE –

FÜR JEWEILS 4 PORTIONEN

Für den Pizzateig:

20 g	**frische Hefe**
	Salz
1 kg	**Mehl (Type 00)**
	+ etwas zum Bearbeiten

Für die Pizza Margherita:

400 g	**geschälte Tomaten (aus der Dose)**
	Salz, Pfeffer
½ TL	**getrockneter Oregano**
	Zucker
250 g	**veganer Mozzarella-Ersatz**
8 Stiele	**Basilikum**
80 g	**veganer Parmesan-Ersatz**

Für die Pizza Con Patate:

2	**Kartoffeln, festkochend**
	Salz, Pfeffer
80 ml	**Olivenöl**
1 TL	**Trüffelöl**
4	**rote Zwiebeln**
5 Zweige	**Rosmarin**
150 g	**vegane Crème fraîche**
1 TL	**abger. Bio-Zitronenschale**
200 g	**grüne Oliven**
	Chiliflocken
	Meersalzflocken
40 g	**Rucola**

❶ Hefe und 1 TL Salz in 600 ml kaltes Wasser bröseln. Mit dem Schneebesen verrühren, bis die Hefe aufgelöst ist. Das Mehl zugeben, alles mit den Knethaken des Handmixers auf langsamer Stufe in 10–15 Minuten zum glatten Teig verkneten. Den Teig zugedeckt mind. 3 Stunden gehen lassen. Dann auf leicht bemehlter Arbeitsfläche zu einer Rolle formen, dabei nicht zu viel kneten.

MARGHERITA Rolle halbieren, eine Hälfte ausrollen, auf ein bemehltes Blech legen. Mit Mehl bestäuben und zugedeckt ca. 1 Stunde gehen lassen. Ofen auf 250 Grad vorheizen. Tomaten abgießen und mit Salz, Pfeffer, Oregano und 1 Prise Zucker pürieren. Mozzarella in Scheiben schneiden. Den Teig mit den Händen von innen nach außen zu einer dünnen Pizza drücken. Die Pizza mit Tomatensauce bestreichen, mit etwas Basilikum, Mozzarella und Parmesan bestreuen. 8–12 Minuten im heißen Ofen backen. Zum Servieren mit Basilikum bestreuen.

CON PATATE Übrigen Teig zu 4 gleich großen Kugeln formen und auf ein bemehltes Blech legen. Mit Mehl bestäuben und zugedeckt ca. 1 Stunde gehen lassen. Den Ofen mit einem Backblech auf der untersten Schiene auf 250 Grad vorheizen. Kartoffeln schälen, in dünne Scheiben schneiden. In kochendem Salzwasser ca. 2 Minuten garen, abschrecken und abtropfen. Dann mit den Ölen und ½ TL Salz mischen. Zwiebeln schälen, in Streifen schneiden, zugeben. Rosmarinnadeln untermischen. Crème fraîche mit Zitronenschale, Salz und Pfeffer verrühren. Die Teigkugeln auf bemehlter Arbeitsfläche zu dünnen Pizzen drücken. Mit je 2 EL Crème fraîche bestreichen, mit Kartoffeln, Zwiebeln und Oliven belegen und pfeffern. Nacheinander auf dem Blech im heißen Ofen 8–12 Minuten backen. Pizzen mit Chili, Meersalz und Rucola bestreut servieren.

ZUBEREITUNG: ca. 50 Minuten + Gehzeit

NÄHRWERTE MARGHERITA: pro Portion ca. 731 kcal, 25 g E, 28 g F, 94 g KH

NÄHRWERTE CON PATATE: pro Portion ca. 892 kcal, 23 g E, 34 g F, 123 g KH

UTENSILIEN: Schneebesen, Handmixer, Backblech

LINSEN-CHIPOTLE-TACOS

– MIT MANGOSALSA UND AVOCADOCREME –

FÜR 4 PORTIONEN

Für die Linsen-Chipotle-Tacos:

250 g	**Berglinsen**
20 g	**Ingwerwurzel**
1	**Zwiebel**
2	**Knoblauchzehen**
2	**Tomaten**
2–3	**Chipotle-Chilis in Adobo-Sauce + 3 EL Sauce**
300 ml	**Gemüsebrühe**
60 g	**Paprikamark**
	Salz, Pfeffer
1 EL	**gemahlener Koriander**
je 1 TL	**Oregano und Thymian**
1 EL	**Paprikapulver, edelsüß**
2 EL	**Olivenöl**
1–2 EL	**Ahornsirup**
1 kleine	**reife Avocado**
2 EL	**Limettensaft**
2	**rote Zwiebeln**
16	**Tortillas (14 cm Ø)**
80 g	**vegane Crème fraîche**
etwas	**Chilisauce**

Für die Mangosalsa:

1	**kleine Mango**
1	**roher Maiskolben**
1	**rote Chilischote**
80 g	**Kirschtomaten**
1 Bund	**Koriander**
4 EL	**Olivenöl**
6 EL	**Limettensaft**
	Salz, Pfeffer

1 Die Linsen nach Packungsanleitung garen, in einem Sieb abtropfen lassen und beiseitestellen. Inzwischen den Ingwer, die Zwiebel und den Knoblauch schälen, die Tomaten waschen und putzen, dann alles zusammen mit den Chipotle-Chilis grob klein schneiden. Mit Gemüsebrühe, Paprikamark, der Adobo-Sauce, 1 TL Salz, Koriander, Oregano, Thymian und Paprikapulver im Standmixer fein pürieren. Die Sauce mit dem Olivenöl in einen Topf geben und aufkochen. Die Linsen hinzufügen und bei mittlerer Hitze sämig einkochen. Mit Ahornsirup, Salz und Pfeffer abschmecken.

2 Für die Salsa die Mango schälen und das Fruchtfleisch fein würfeln. Den Maiskolben waschen, die Maiskörner vom Kolben schneiden. Chili waschen, nach Belieben entkernen und klein schneiden. Die Kirschtomaten waschen und würfeln. Frischen Koriander mitsamt den Stielen fein hacken. Öl und Limettensaft mit Salz und Pfeffer verrühren. Die vorbereiteten Zutaten und die Hälfte vom Koriander untermischen.

3 Für die Creme die Avocado halbieren, Stein entfernen, Fruchtfleisch aus der Schale heben. Mit Limettensaft und 3–4 EL Wasser fein pürieren. Mit Salz und Pfeffer würzen.

4 Die roten Zwiebeln schälen und fein würfeln. Mit Limettensaft und Salz vermengen. Dann die Tortillas kurz in einer heißen Pfanne ohne Fett erwärmen. Anschließend in ein Küchentuch gewickelt aufbewahren.

5 Die Tortillas mit den Linsen und der Mangosalsa befüllen. Avocadocreme, Crème fraîche und Chilisauce dazugeben. Mit den marinierten Zwiebeln und dem restlichen Koriander bestreuen und servieren.

ZUBEREITUNG	UTENSILIEN	ANZAHL	NÄHRWERTE
ca. 1 Stunde 20 Minuten	Standmixer	4 Portionen	pro Portion ca. 667 kcal, 20 g E, 39 g F, 54 g KH

Die Chilisauce
gibt's auf S. 113

KRAUTWICKEL

– MIT GEMÜSEREIS –

FÜR 4 PORTIONEN

2	**Zwiebeln**
9 EL	**Rapsöl**
1	**Zucchini**
	Salz, Pfeffer
40–60 ml	**Ajvar** (Würzpaste aus Paprika und Auberginen)
200 g	**Langkornreis**
1 Bund	**Petersilie**
1 Bund	**Dill**
1	**Weißkohl**
1 TL	**Kümmelsaat**
2	**Lorbeerblätter**
200 g	**passierte Tomaten** (aus der Dose)
600 ml	**Gemüsebrühe**
	Zucker
80 g	**vegane Crème fraîche**

1 Die Zwiebeln fein würfeln und die Hälfte der Zwiebelwürfel in einer Pfanne in 2 EL heißem Öl glasig dünsten. Die Zucchini waschen, grob reiben und kurz mitdünsten. Mit Salz und Pfeffer würzen. 2 EL Ajvar und den Reis hinzufügen, kurz mitbraten und die Pfanne vom Herd nehmen. Die Kräuter fein schneiden. Die Hälfte davon untermischen, den Rest in eine Schale geben und zugedeckt kalt stellen.

2 In einem großen Topf Wasser zum Kochen bringen. Den Weißkohl putzen und mithilfe einer Fleischgabel kurz ins kochende Wasser tauchen. Den Kohl herausnehmen, mit einem Messer vorsichtig nacheinander 12 Kohlblätter ablösen. Die Blätter wieder ins kochende Wasser geben, 4–5 Minuten darin garen und dann in eiskaltem Wasser abschrecken.

3 Die Kohlblätter zwischen Geschirrtüchern trocken tupfen, den Strunk keilförmig herausschneiden und beiseitelegen. Auf jedes Blatt mittig etwas Reismasse geben. Die Kohlblätter seitlich über die Füllung schlagen und darüber aufrollen. Mit Holzspießchen fixieren oder mit Küchengarn zu Päckchen binden.

4 1 EL Öl in einem Topf erhitzen. Die Rouladen darin rundherum scharf anbraten, dann herausnehmen. Die beiseitegelegten Kohlstrünke klein schneiden und das restliche Öl im Topf erhitzen. Die Kohlstücke mit den restlichen Zwiebelwürfeln darin anbraten. Kümmel, Lorbeer und 1 EL Ajvar dazugeben und kurz mitbraten. Die Tomaten hinzufügen und die Rouladen wieder hineinlegen. Danach mit der Brühe auffüllen, sodass die Rouladen mit Flüssigkeit bedeckt sind. Mit Salz, Pfeffer und 1 Prise Zucker würzen und zugedeckt 50–60 Minuten bei mittlerer Hitze schmoren. Sauce nach Ende der Garzeit nach Belieben offen einkochen lassen. Die Rouladen mit den restlichen Kräutern bestreut servieren, dazu die Crème fraîche reichen.

ZUBEREITUNG	UTENSILIEN	ANZAHL	NÄHRWERTE
ca. 1 Stunde 20 Minuten	großer Topf, Fleischgabel, Geschirrtücher, Holzspießchen/Küchengarn	4 Portionen	pro Portion ca. 463 kcal, 8 g E, 20 g F, 53 g KH

Ein weiteres kinderleichtes
Rezept für Çiğ Köfte gibt's hier:
yumtamtam.de/cig-koefte

ÇIĞ KÖFTE

FÜR 4 PORTIONEN

250 g	**Bulgur**
40 g	**Walnüsse**
1	**Zwiebel**
1	**Knoblauchzehe**
1	**Tomate**
70 g	**Paprikamark**
50 g	**Tomatenmark**
1 TL	**gemahlener Kreuzkümmel**
1 EL	**Paprikapulver, edelsüß**
1 TL	**Isot-Chili (oder auch Urfabiber; getrockneter Chili-Pfeffer)**
1 TL	**Sumach (alternativ 1 TL Zitronensaft oder milder Essig)**
60 ml	**Granatapfelsirup**
	Salz, Pfeffer
1 Bund	**Petersilie**
1	**kleiner Kopfsalat**
1	**Bio-Zitrone**
1	**Bund Minze**

1 Den Bulgur in einer Schüssel mit 200 ml heißem Wasser mischen und zugedeckt ca. 10 Minuten quellen lassen. Walnüsse in einer Pfanne ohne Fett anrösten, herausnehmen, abkühlen lassen und zerstoßen. Die Zwiebel schälen, heiß abspülen, fein reiben und ausdrücken. Den Knoblauch schälen und fein reiben. Die Tomate waschen, halbieren und auf den Schnittflächen bis zur Schale fein reiben. Alles zum Bulgur geben. Paprika- und Tomatenmark, Kreuzkümmel, Paprikapulver, Isot, Sumach, 1 EL Granatapfelsirup, 1 ½ TL Salz und Pfeffer untermischen. Die Bulgurmischung ca. 10 Minuten in der Küchenmaschine mit dem Knethaken zu einem Teig verarbeiten.

2 ½ Bund Petersilie hacken, mit den Walnüssen unter den Teig mischen. Mit Salz und Pfeffer würzen und ggf. etwas kaltes Wasser zugeben. Ca. 1 EL Teig auf die Handfläche legen, fest zusammendrücken und so den ganzen Teig formen. Kopfsalat waschen, die Blätter abzupfen. Zitrone heiß waschen, in Spalten schneiden. Minze sowie restliche Petersilie hacken. Köfte mit Zitronenspalten, Salat, Kräutern und übrigen Granatapfelsirup anrichten.

ZUBEREITUNG	UTENSILIEN	ANZAHL	NÄHRWERTE
ca. 45 Minuten	Küchenmaschine	4 Portionen	pro Portion ca. 349 kcal, 11 g E, 7 g F, 58 g KH

BLUMEN-KOHL-WINGS

WOCHENENDE

FÜR 4 PORTIONEN

100 g	Zwiebeln
3	Knoblauchzehen
120 ml	Sonnenblumenöl
50 g	brauner Zucker
1 TL	Räucherpaprikapulver
2 TL	Paprikapulver, rosenscharf
2 EL	Aceto balsamico
180 ml	schwarzer Johannis-beersaft
1 EL	helle Senfsaat
1 EL	getrockneter Thymian
60–80 ml	Tomatenketchup
60 ml	Sojasauce
1 EL	Ahornsirup
	Salz, Pfeffer
1	Blumenkohl
180–200 ml	kalter Haferdrink
100 g	Mehl
20 g	Pankobrösel
½ TL	Knoblauchpulver
2 Stiele	Petersilie

1 Für die BBQ-Sauce Zwiebeln und Knoblauch schälen, fein würfeln. 3 EL Öl erhitzen. Knoblauch darin anbraten. Zwiebeln dazugeben, glasig dünsten. Zucker, Rauchpaprikapulver und 1 TL rosenscharfes Paprikapulver hinzufügen und kurz mitdünsten. Mit Aceto balsamico und Johannisbeersaft ablöschen. Senfsaat, Thymian, Ketchup, Sojasauce und Ahornsirup zugeben. Mit 1 TL Salz und Pfeffer würzen und ca. 10 Minuten einkochen lassen.

2 Ofen auf 220 Grad vorheizen. Blumenkohl putzen, waschen, in Röschen teilen. Haferdrink, Mehl, Pankobrösel und 2 EL Öl verrühren. Restliches Paprikapulver, Knoblauchpulver und 1 TL Salz untermischen. Blumenkohlstücke durch den Teig ziehen, abtropfen, auf ein mit Backpapier ausgelegtes Blech legen. Im heißen Ofen ca. 25 Minuten backen, dabei einmal wenden.

3 Blumenkohl aus dem Ofen nehmen. Die Hälfte der BBQ-Sauce mit übrigem Öl verrühren und den Blumenkohl damit bestreichen. Danach für weitere 15–20 Minuten backen. Petersilie hacken, über die Blumenkohl-Wings streuen, mit übriger BBQ-Sauce servieren.

ZUBEREITUNG	UTENSILIEN	ANZAHL	NÄHRWERTE
ca. 1 Stunde 10 Minuten	Backpapier, Backblech	4 Portionen	pro Portion ca. 464 kcal, 10 g E, 25 g F, 47 g KH

„KÖTTBULLAR"

– MIT KARTOFFELSTAMPF UND PREISELBEEREN –

FÜR 4 PORTIONEN

Für die Köttbullar:

1	**Zwiebel**
1	**Knoblauchzehe**
1 Zweig	**Thymian**
2 Stiele	**Petersilie**
80 ml	**Olivenöl**
1 TL	**Paprikapulver**
50 ml	**Sojasauce**
½ TL	**getrockneter Majoran**
	Salz, Pfeffer
600 g	**veganes Hack auf Sojabasis**
80 g	**Semmelbrösel**

Für den Kartoffelstampf:

1 kg	**Kartoffeln, mehligkochend**
	Salz, Pfeffer
150–200 ml	**Haferdrink**
3 EL	**vegane Margarine**
	Muskat

Für die Sauce:

250 ml	**vegane „Braten"-Sauce**
100 ml	**Gemüsebrühe**
150 ml	**vegane Schlagcreme**
	Salz, Pfeffer

Außerdem:

½ Bund	**Schnittlauch**
60 g	**Preiselbeeren**

1 Zwiebel und Knoblauch schälen und beides fein würfeln. Thymian- und Petersilienblättchen von den Stielen abzupfen und fein hacken. 2 EL Olivenöl in einer Pfanne erhitzen. Zwiebel und Knoblauch darin glasig dünsten. Paprikapulver und Petersilie zugeben, kurz mitbraten. Mit Sojasauce ablöschen und fast vollständig einkochen. Mit Majoran, Salz und Pfeffer würzen, abkühlen lassen und mit dem veganen Hack und den Semmelbröseln zu einem Teig verkneten. Aus der Masse 24 kleine Bällchen formen und ca. 30 Minuten zugedeckt kalt stellen.

2 Die Kartoffeln schälen, waschen, in grobe Stücke schneiden und in Salzwasser ca. 20 Minuten garen. Den Pflanzendrink und die Margarine in einem kleinen Topf erwärmen.

3 Das restliche Öl in einer Pfanne erhitzen und die Köttbullar darin portionsweise 8–10 Minuten braten.

4 Die „Braten"-Sauce mit der Gemüsebrühe in einen Topf geben und erwärmen. Die Schlagcreme untermischen, aufkochen und mit Salz und Pfeffer abschmecken. Die Köttbullar in die Sauce geben und bei milder Hitze ziehen lassen. Den Schnittlauch in feine Röllchen schneiden.

5 Kartoffeln abgießen, ausdampfen lassen, die Pflanzendrink-Margarine-Mischung dazugeben und grob stampfen. Mit Salz, Pfeffer und Muskat würzen, mit den Köttbullar und der Sauce anrichten. Mit Schnittlauch und Preiselbeeren servieren. Dazu passt frischer Gurkensalat mit Dill.

ZUBEREITUNG	UTENSILIEN	ANZAHL	NÄHRWERTE
ca. 50 Minuten + 30 Minuten Kühlzeit	—	4 Portionen	pro Portion ca. 744 kcal, 25 g E, 45 g F, 57 g KH

Die „Braten"-Sauce
gibt's auf S. 155

Anders als die meist gekochten Dumplings
werden Potstickers dampfgebraten, was ihnen
ihre knusprig-goldene Außenseite verleiht.

POTSTICKERS

– MIT SCHARFER ESSIGSAUCE –

FÜR 4 PORTIONEN

Für die Potstickers:

150 g	**Lauch**
100 g	**Shiitakepilze**
1	**Knoblauchzehe**
90 ml	**Sonnenblumenöl**
1 EL	**Sesamöl**
200 g	**veganes Hack auf Sojabasis**
2 EL	**trockener veganer Sherry**
2 EL	**Sojasauce**
	Salz, Pfeffer
	Zucker
40	**runde Wan-Tan-Teigblätter**
2 EL	**helle Sesamsaat**
1 EL	**schwarze Sesamsaat**
2	**Lauchzwiebeln**

Für die scharfe Essigsauce:

90 ml	**Sojasauce**
90 ml	**schwarzer Essig (alternativ Apfelessig)**
5 Stiele	**Koriander**
½	**rote Chilischote**

Außerdem:

Mehl zum Arbeiten

1 Lauch putzen, längs halbieren, waschen, in dünne Streifen schneiden. Pilze säubern, die Stiele herausdrehen und die Pilzköpfe fein hacken. Den Knoblauch schälen und fein hacken.

2 2 EL Sonnenblumenöl und das Sesamöl in einer großen Pfanne stark erhitzen. Knoblauch, Lauch, Pilze und veganes Hack darin anbraten, salzen und ca. 2 Minuten weiterbraten. Mit Sherry und Sojasauce ablöschen und vollständig einkochen lassen. Mit Salz, Pfeffer und 1 Prise Zucker würzen.

3 Die Teigblätter nebeneinander auf der Arbeitsfläche verteilen. Je 1 EL Füllung in die Mitte der Blätter geben und die Teigränder mit Wasser bestreichen. Die Teigränder über der Füllung zusammenklappen und fest andrücken. So 40 Teigtaschen herstellen. Die Taschen auf einem leicht bemehlten Backblech mit einem Küchentuch bedeckt aufbewahren.

4 Beide Sesamsaatsorten in einer beschichteten Pfanne ohne Fett anrösten. Die Lauchzwiebeln waschen, putzen, in feine Ringe schneiden und in eiskaltes Wasser legen.

5 Für die Essigsauce die Sojasauce mit dem Essig mischen. Koriander und die Chilischote fein hacken und untermischen.

6 2 EL Öl in einer großen beschichteten Pfanne mit Deckel erhitzen. Die Hälfte der Teigtaschen in die Pfanne setzen und auf der Unterseite goldgelb anbraten. Etwas heißes Wasser angießen, bis der Pfannenboden bedeckt ist. Den Deckel aufsetzen und die Teigtaschen bei mittlerer Hitze 3–4 Minuten dämpfen. Den Deckel abnehmen und bei milder Hitze braten, bis das Wasser komplett verdampft ist. Den Vorgang wiederholen, bis alle Teigtaschen gegart sind. Mit Essigsauce und Lauchzwiebeln anrichten, mit Sesamsaat bestreut servieren.

ZUBEREITUNG	UTENSILIEN	ANZAHL	NÄHRWERTE
ca. 45 Minuten	große Pfanne, Küchentuch, beschichtete Pfanne	4 Portionen	pro Portion ca. 534 kcal, 17 g E, 28 g F, 55 g KH

SEMMELKNÖDEL

– MIT OFEN-SAUERKRAUT –

FÜR 4 PORTIONEN

Für das Ofen-Sauerkraut:

850 g	**Sauerkraut**
200 g	**Zwiebeln**
50 ml	**Rapsöl**
50 g	**Zucker**
?	**Lorbeerblätter**
	Salz, Pfeffer
100 ml	**Weißwein, vegan**
250 ml	**Apfelsaft**
30 g	**getrocknete Tomaten**
4	**Wacholderbeeren**
2	**Nelken**
150 ml	**vegane Schlagcreme**
1–2 EL	**Ahornsirup**

Für die Semmelknödel:

400 g	**altbackenes Weißbrot**
300 ml	**warmer Sojadrink**
1 EL	**Mehl**
1 EL	**Rapsöl**
	Salz, Pfeffer
80 g	**Schalotten**
6 Stiele	**glatte Petersilie**
1 EL	**vegane Margarine**

Außerdem:

300 g	**Hokkaidokürbis**
1 EL	**Olivenöl**
	Salz, Pfeffer
60 g	**Kürbiskerne**
½ Bund	**Schnittlauch**
2 TL	**Kürbiskernöl**

① Den Backofen auf 180 Grad vorheizen. Sauerkraut abtropfen lassen. Zwiebeln schälen, in Streifen schneiden. Öl in einem Bräter erhitzen, Zwiebeln und Zucker darin 5–6 Minuten braten. Sauerkraut und Lorbeer hinzufügen. Mit Salz würzen, unter Rühren weitere 8–10 Minuten dünsten. Wein, Apfelsaft und 200 ml Wasser zugießen. Zugedeckt im heißen Ofen 45–50 Minuten garen.

② Brot ca. 1 cm groß würfeln, in einer Schüssel mit warmem Sojadrink, Mehl, Öl, Salz und Pfeffer mischen. Schalotten schälen und fein würfeln, Petersilie fein schneiden. Margarine in einem Topf erhitzen, die Schalotten ca. 1 Minute andünsten. Petersilie hinzufügen, mit Salz und Pfeffer würzen, zur Knödelmasse geben. Den Teig gut kneten und ca. 25 Minuten quellen lassen.

③ Aus dem Teig mit angefeuchteten Händen 8 Knödel formen und bis zur Verwendung zudecken und kalt stellen. Den Kürbis waschen, entkernen und in schmale Stücke schneiden. Die Kürbiskerne in einer beschichteten Pfanne ohne Fett anrösten.

④ Getrocknete Tomaten würfeln. Wacholder und Nelken leicht andrücken, mit den Tomaten zum Sauerkraut geben und weitere 45–50 Minuten garen. Die Schlagcreme ca. 10 Minuten vor Ende der Garzeit untermischen. Mit Ahornsirup und Salz abschmecken.

⑤ Reichlich Salzwasser aufkochen. Die Knödel hineingeben und die Hitze reduzieren. Sobald sie an der Oberfläche schwimmen, Knödel halb zugedeckt ca. 10 Minuten ziehen lassen.

⑥ Den Kürbis in heißem Öl 5–6 Minuten anbraten, mit Salz und Pfeffer würzen. Schnittlauch in Röllchen schneiden. Die Knödel mit einer Schaumkelle aus dem Wasser heben, abtropfen lassen. Mit Sauerkraut und Kürbis anrichten. Kürbiskerne, Schnittlauch und Kürbiskernöl darübergeben und servieren.

ZUBEREITUNG	UTENSILIEN	ANZAHL	NÄHRWERTE
ca. 1 Stunde 50 Minuten	Bräter, beschichtete Pfanne, Schaumkelle	4 Portionen	pro Portion ca. 756 kcal, 20 g E, 33 g F, 83 g KH

Die fertigen Knödel halten sich im Kühlschrank bis zu vier Tage und lassen sich auch einfrieren. Wer mag, schneidet die Knödel in Scheiben und brät sie in etwas Olivenöl an.

Den Burger-Bun gibt's auf S. 123

PAV SANDWICH

— MIT ZWIEBEL-CHILI-MIX UND MINZE —

FÜR 4 STÜCK

2	**Zwiebeln**
20 g	**Ingwerwurzel**
3	**Knoblauchzehen**
6 Stiele	**Koriander**
50 ml	**Kokosfett**
300 g	**Tofuhack**
	Salz, Pfeffer
3	**Kardamomkapseln**
1 EL	**dunkle Senfsaat**
1 TL	**Kreuzkümmelsaat**
1	**getrocknete Chilischote**
½ TL	**Kurkuma**
1 ½ EL	**Garam Masala**
400 g	**passierte Tomaten (aus der Dose)**
150 ml	**Kokosmilch (aus der Dose)**
1	**Lorbeerblatt**
	Zucker
1	**Mini-Gurke**
125 g	**Kokosghurt**
1	**rote Zwiebel**
1	**grüne Chilischote**
2 EL	**Limettensaft**
4	**vegane Burger-Buns**
2 EL	**Rapsöl**
1 Handvoll	**Minzblättchen**

1 Die Zwiebeln schälen und fein würfeln. Ingwer schälen sowie Knoblauch schälen und fein reiben. Die Korianderblätter von den Stielen abzupfen und in kaltes Wasser legen. Die Korianderstiele fein hacken.

2 2 EL Kokosfett in einer Pfanne erhitzen. Das Tofuhack darin rundherum goldgelb braten und mit Salz würzen. Anschließend aus der Pfanne nehmen.

3 Das restliche Kokosfett in der Pfanne erhitzen. Den Kardamom andrücken und mit Senfsaat, Kreuzkümmel und der getrockneten Chili darin anrösten. Die Zwiebeln dazugeben und anschwitzen. Nacheinander Knoblauch und Ingwer sowie Kurkuma und Garam Masala hinzufügen und kurz mitdünsten. Anschließend passierte Tomaten, Kokosmilch und Lorbeer zugeben und mit Salz, Pfeffer und 1 Prise Zucker würzen. Den Tofu untermischen und alles 20–30 Minuten sämig einkochen lassen. Zum Schluss die Korianderstiele unterrühren.

4 Die Gurke heiß waschen, und fein würfeln, dann mit dem Kokosghurt, Salz und Pfeffer mischen. Die rote Zwiebel schälen und die Chilischote waschen, beides in dünne Scheiben schneiden und mit Limettensaft, Salz und 1 Prise Zucker mischen.

5 Die Burger-Buns längs halbieren. Das Öl in einer Pfanne erhitzen und die Buns darin auf den Schnittflächen goldbraun anbraten. Mit Kokosghurt-Dip, Hacksauce, Zwiebel-Chili-Mix und Minzblättchen füllen und servieren.

ZUBEREITUNG	UTENSILIEN	ANZAHL	NÄHRWERTE
ca. 45 Minuten	—	4 Stück	pro Stück ca. 409 kcal, 14 g E, 23 g F, 36 g KH

MAULTASCHEN

– MIT KÜRBIS –

WOCHENENDE

FÜR 4 PORTIONEN

200 g	**Pastagrieß**
80 g	**Weizenmehl (Type 00)** + etwas zum Bearbeiten
2 Msp.	**Kurkuma** **Salz, Pfeffer**
10 g	**getrocknete Steinpilze**
650 g	**Hokkaidokürbis**
100 ml	**Olivenöl**
200 g	**Kartoffeln, mehligkochend**
1 Bund	**Petersilie**
500 g	**Zwiebeln**
1	**Knoblauchzehe**
40-60 g	**veganer Frischkäse-Ersatz**
2–3 EL	**Semmelbrösel** **Muskat**
1 l	**Gemüsebrühe**
2 EL	**Schnittlauchröllchen**
8 Stiele	**Majoran**

① Grieß, Mehl, Kurkuma und 1 Prise Salz mit 170–180 ml Wasser mischen. Zügig zum Teig verkneten, in Folie wickeln, ca. 30 Minuten ruhen lassen. Pilze in 100 ml heißem Wasser einweichen.

② Ofen auf 220 Grad vorheizen. Kürbis waschen, entkernen und in Spalten schneiden. In eine Auflaufform setzen, mit 2 EL Öl beträufeln und salzen. Im heißen Ofen 25–30 Minuten weich garen. Kartoffeln schälen, klein schneiden und in kochendem Salzwasser weich garen. Dann abgießen, ausdampfen und abkühlen lassen.

③ Abgetropfte Pilze würfeln. Einweichwasser durch einen Teefilter gießen. Petersilie hacken. 250 g Zwiebeln und Knoblauch schälen, beides fein würfeln und in 2 EL heißem Öl andünsten, salzen und pfeffern. Mit Pilzwasser ablöschen, einkochen lassen. Petersilie hinzufügen, vom Herd nehmen.

④ Kürbis mit Kartoffeln mischen, mit einer Gabel zerdrücken, zu den Zwiebeln geben. Frischkäse und Brösel untermischen. Die Masse mit Salz, Pfeffer und Muskat würzen. Abkühlen lassen. Restliche Zwiebeln schälen, in Streifen schneiden, in 3 EL heißem Öl goldgelb braten. Mit Salz und Pfeffer würzen. Warm halten.

⑤ Teig dritteln, auf bemehlter Arbeitsfläche zu je 2 mm dünnen Bahnen (ca. 30 x 20 cm) ausrollen. Jeweils auf ein Küchentuch geben. ⅓ der Füllung auf dem unteren Drittel glatt streichen. Teig zur kürzeren Seite umschlagen. Überstehenden Teig mit Wasser bestreichen und andrücken. Jede Teigbahn in 4 gleich große Quadrate teilen. Den Teig dabei fest andrücken und die Enden abschneiden. Die Maultaschen mit einem Messer abtrennen.

⑥ Gemüsebrühe erhitzen. Maultaschen in kochendem Salzwasser ca. 10 Minuten gar ziehen lassen. Maultaschen mit Brühe, Zwiebeln, Schnittlauchröllchen und Majoran anrichten.

ZUBEREITUNG	UTENSILIEN	ANZAHL	NÄHRWERTE
ca. 1 Stunde 40 Minuten	Frischhaltefolie, Auflaufform, Teefilter, Küchentücher	4 Portionen	pro Portion ca. 628 kcal, 15 g E, 26 g F, 82 g KH

Die Maultaschen lassen sich auch prima in Albaöl (eine Rapsölvariante mit Butteraroma) braten und mit grünem Salat servieren.

KÜRBIS-LASAGNE

– MIT SPINAT –

FÜR 4 PORTIONEN

Für die Béchamelsauce:

50 g	**vegane Margarine**
40 g	**Mehl**
620 ml	**kalter Pflanzendrink (z. B. Hafer)**
1	**Zwiebel**
1	**Lorbeerblatt**
1	**Nelke**
1 EL	**Hefeflocken**
	Salz, Pfeffer

Für das Kürbisragout:

900 g	**Muskatkürbis**
1	**Zwiebel**
1	**Knoblauchzehe**
50 ml	**Olivenöl**
	Salz, Pfeffer
400 g	**stückige Tomaten (aus der Dose)**
	Zucker
2 Stiele	**Salbei**

Außerdem:

500 g	**Blattspinat**
	Salz, Pfeffer
1 EL	**vegane Margarine**
9	**Lasagneblätter (ohne Vorkochen)**
100 g	**veganer Käse-Ersatz in Scheiben**
2 Stiele	**Basilikum**

1 Für die Béchamelsauce die Margarine in einem Topf schmelzen. Das Mehl dazugeben und unter Rühren ca. 30 Sekunden bei milder Hitze anschwitzen lassen. Mit der Hälfte des kalten Pflanzendrinks auffüllen und verrühren. Nach und nach den restlichen Pflanzendrink zugießen und unter Rühren aufkochen. Die Zwiebel schälen, mit Lorbeer und Nelke spicken und zugeben. Sauce mit Hefeflocken, Salz und Pfeffer würzen. Bei sehr milder Hitze ca. 10 Minuten kochen lassen. Zum Schluss die Zwiebel entfernen und die Sauce durch ein feines Sieb passieren.

2 Den Kürbis schälen und in ½ cm große Würfel schneiden. Zwiebel und Knoblauch schälen und fein würfeln. Das Öl in einer großen Pfanne erhitzen. Zwiebeln, Knoblauch und Kürbis darin ca. 4 Minuten andünsten, salzen und pfeffern. Die Tomaten und 1 Prise Zucker hinzufügen und 8–10 Minuten bei mittlerer Hitze einkochen lassen. Die Salbeiblätter fein hacken, untermischen und das Kürbisragout abkühlen lassen.

3 Den Spinat verlesen, putzen, waschen und ca. 1 Minute in kochendes Salzwasser geben. Herausnehmen, abschrecken und ausdrücken. Den Spinat grob hacken, mit Salz und Pfeffer würzen.

4 Den Ofen auf 180 Grad vorheizen. Eine Auflaufform (ca. 20 x 30 cm) mit etwas Margarine einfetten und mit 3 Lasagneblättern auslegen. Abwechselnd Spinat, Kürbisragout, Béchamelsauce und Lasagneblätter einschichten. So fortfahren, bis alle Zutaten aufgebraucht sind, dabei mit Lasagneblättern und Béchamelsauce abschließen. Mit Käse bestreuen und im heißen Ofen auf der mittleren Schiene 35–40 Minuten backen. Dann die Lasagne herausnehmen und ca. 10 Minuten ruhen lassen. Mit Basilikumblättchen bestreut servieren.

ZUBEREITUNG	UTENSILIEN	ANZAHL	NÄHRWERTE
ca. 1 Stunde 30 Minuten	feines Sieb, große Pfanne, rechteckige Auflaufform	4 Portionen	pro Portion ca. 516 kcal, 15 g E, 29 g F, 47 g KH

GEBACKENER SELLERIE

– MIT KARTOFFELGEMÜSE –

WOCHENENDE

FÜR 4 PORTIONEN

Für die gebackenen Selleriespalten:

1	**Knollensellerie (ca. 1 kg)**
2 EL	**Olivenöl**
	Salz, Pfeffer

Für das Kartoffelgemüse:

600 g	**Kartoffeln, festkochend**
250 g	**Steckrüben (alternativ Hokkaidokürbis)**
1	**Zwiebel**
1 EL	**vegane Margarine**
2 EL	**Olivenöl**
	Salz, Pfeffer
2	**Lorbeerblätter**
3 Stiele	**Petersilie**
½ TL	**Paprikapulver, edelsüß**

Für den Apfelsalat:

50 ml	**Apfelsaft**
1 TL	**körniger Senf**
2 EL	**Apfelessig**
2 EL	**Olivenöl**
2 EL	**Nussöl**
	Salz, Pfeffer
1 Handvoll	**Friséesalat**
1	**Apfel**
4 Stiele	**Schnittlauch**

Außerdem:

200 ml	**vegane „Braten"-Sauce**

1 Den Backofen auf 175 Grad vorheizen. Den Sellerie putzen und auf ein mit Backpapier belegtes Backblech setzen. Mit Olivenöl einpinseln, salzen und im heißen Ofen auf der 2. Schiene von unten ca. 2 ½–3 Stunden backen.

2 Kartoffeln und Steckrüben schälen, waschen und grob würfeln. Die Zwiebel schälen und fein würfeln. Margarine in einer beschichteten Pfanne erhitzen, Zwiebeln kurz anschwitzen und herausnehmen. Olivenöl in dieselbe Pfanne geben und erhitzen. Kartoffel- und Steckrübenwürfel bei mittlerer Hitze ca. 20 Minuten goldgelb braten, salzen und ab und zu wenden. Nach ca. 10 Minuten Lorbeer dazugeben und das Gemüse warm halten. Die Petersilienblätter von den Stielen zupfen und fein hacken. Mit den Zwiebeln zu dem Kartoffelgemüse geben und mit Salz, Pfeffer und Paprikapulver würzen.

3 Den Sellerie aus dem Backofen nehmen, in 8 Spalten schneiden. Hitze auf 200 Grad erhöhen. Selleriespalten wieder auf das Backblech legen und mit dem ausgetretenen Saft bestreichen. Salzen und pfeffern und weitere ca. 10 Minuten backen.

4 Apfelsaft, Senf, Essig, Oliven- und Nussöl verquirlen, mit Salz und Pfeffer würzen. Den Salat putzen, waschen, trocken schütteln und in Stücke zupfen. Den Apfel waschen und bis zum Kerngehäuse in feine Scheiben hobeln. Den Schnittlauch in feine Röllchen schneiden. Apfel, Friséesalat und Schnittlauch mit dem Dressing vermischen.

5 Die „Braten"-Sauce aufkochen. Gebackene Selleriespalten mit dem Kartoffelgemüse, der Sauce und dem Apfelsalat anrichten und servieren.

ZUBEREITUNG	UTENSILIEN	ANZAHL	NÄHRWERTE
ca. 3 Stunden 20 Minuten	Backpapier, Backblech, beschichtete Pfanne	4 Portionen	pro Portion ca. 416 kcal, 10 g E, 23 g F, 40 g KH

Die „Braten"-Sauce gibt's auf S. 155

SAUCEN

LORBEERBLÄTTER

Weil sich der Geschmack von Lorbeerblättern nur langsam entfaltet, empfehlen sich lange Garzeiten. Vor dem Verzehr der Sauce werden sie herausgenommen.

CASHEWMUS

Das Schweizer Messer für die vegane Küche: Aus Cashewmus lassen sich nicht nur Pflanzendrinks, Desserts oder vegane Käse-Ersätze herstellen. Es ist auch super, um Saucen anzudicken und abzuschmecken.

ROSMARIN

Nicht nur das Salz in der Suppe, auch Kräuter wie Rosmarin sorgen für einen intensiven Geschmack. Und sie lassen sich mit wenig Platz sogar in der Küche anpflanzen.

MUSKAT

Meistens genügt eine Prise von der „Zaubernuss" – aber dann löst der warme, mild-süße Geschmack bereits kleine Geschmacksexplosionen aus.

SOJASAUCE

Bei uns sind vor allem die chinesischen und die japanischen Varianten der Sojasauce als Geschmacksverstärker beliebt. Aber auch anderen, sogar hellen Saucen verleiht sie die nötige Würze.

GETROCKNETE PILZE

Nicht täuschen lassen: 25 Gramm getrocknete Pilze entsprechen etwa 250 Gramm frischen Pilzen! Oft reicht schon eine halbe Stunde Einweichzeit, bevor sie weiterverarbeitet werden können.

SUPPENGRÜN

Für die vegane „Braten"-Sauce lässt sich das Suppengrün je nach Belieben entweder sehr klein schneiden oder in größeren Würfeln belassen.

„BRATEN"-SAUCE

FÜR CA. 500 ML

• **15 g getr. Wildpilze** • **5 getr. Shiitakepilze** • **1 St. Braunalge (ca. 4 cm, z. B. Kombu)** • **1 Bd. Suppengrün** • **8 Schalotten** • **150 g Champignons** • **60 ml Olivenöl** • **3 Knoblauchzehen** • **1 TL Pfefferkörner** • **2 EL Tomatenmark** • **150 ml Rotwein, vegan** • **150 ml roter veganer Portwein** • **2 Stiele Thymian** • **3 Lorbeerblätter** • **3 EL Sojasauce**

1 Pilze und Alge in 1 l heißem Wasser einweichen. Suppengrün putzen, waschen und würfeln. Schalotten schälen, mit Champignons grob schneiden, beides mit dem Gemüse in heißem Öl dunkel braten. Knoblauch andrücken, mit Pfeffer und Tomatenmark hinzufügen. Unter Rühren braten, bis sich ein Bodensatz bildet. Mit Rotwein ablöschen, unter Rühren einkochen. Mit Portwein ablöschen, einkochen. Thymian und Lorbeer zugeben. Pilze mit Einweichwasser zugießen. Ca. 20 Minuten reduzieren.

2 Jus in einen Topf passieren. Gemüsereste mit 150 ml Wasser verrühren, nochmals passieren, zur Jus geben. Mit Sojasauce würzen und ca. 10 Minuten einkochen lassen.

ZUBEREITUNG: ca. 40 Minuten
NÄHRWERTE: pro 100 ml ca. 72 kcal, 2 g E, 4 g F, 5 g KH

„KÄSE"-SAUCE

FÜR CA. 500 ML

• **½ Stange Staudensellerie** • **60 g Zwiebeln** • **1 Knoblauchzehe** • **120 g Kartoffeln** • **100 g Möhren** • **3 EL Olivenöl** • **1 ½ TL Räucherpaprikapulver, edelsüß** • **1–2 TL Apfelessig** • **Salz** • **150 ml vegane Schlagcreme** • **80 g Cashew- oder Mandelmus** • **60–80 g Hefeflocken** • **1–2 TL Sojasauce** • **Cayennepfeffer**

1 Den Sellerie waschen und putzen, die Zwiebeln schälen, beides würfeln. Knoblauchzehe schälen und fein hacken. Die Kartoffeln und Möhren schälen, waschen und klein würfeln. Das Olivenöl in einem Topf erhitzen, Zwiebeln, Sellerie, Möhren und Knoblauch darin glasig dünsten. Kartoffeln hinzufügen und einige Minuten garen. Paprikapulver zugeben, kurz mitdünsten und mit Essig ablöschen. Mit 120 ml Wasser auffüllen, salzen und zugedeckt 8–10 Minuten weich köcheln.

2 Gemüse und Kochwasser mit Schlagcreme, dem Cashewmus, den Hefeflocken und Sojasauce im Mixer sehr fein pürieren. Die Sauce mit Salz und Cayennepfeffer abschmecken.

ZUBEREITUNG: ca. 25 Minuten
NÄHRWERTE: pro 100 ml ca. 160 kcal, 4 g E, 13 g F, 6 g KH
UTENSILIEN: Mixer

WEISSE GRUNDSAUCE

FÜR CA. 750 ML

• **30 g veganer Butter-Ersatz** • **30 g Mehl** • **500 ml kalte Gemüsebrühe** • **200 ml vegane Schlagcreme** • **Salz, Pfeffer** • **Muskat** • **optional: Kräuter, Trüffel, Safran**

1 Die Butter in einem Topf schmelzen. Das Mehl dazugeben und unter Rühren farblos andünsten.

2 Die kalte Gemüsebrühe unter ständigem Rühren mit dem Schneebesen hinzufügen. Die Sauce aufkochen und die Schlagcreme untermischen. Bei milder Hitze cremig einkochen lassen und ggf. noch etwas Brühe zugeben, um die gewünschte Konsistenz zu erhalten. Die Sauce mit Salz, Pfeffer und Muskat abschmecken und nach Belieben mit Kräutern, Trüffel oder Safran aromatisieren.

TIPP Die Sauce, auch Velouté oder Samtsauce genannt, passt generell zu Ofengemüse, gekochtem Blumenkohl oder buntem gedünsteten Gemüse (z. B. Kohlrabi-Möhren-Gemüse).

ZUBEREITUNG: ca. 20 Minuten
NÄHRWERTE: pro 100 ml ca. 85 kcal, 1 g E, 7 g F, 4 g KH
UTENSILIEN: Schneebesen

CARROT DOG

– MIT ROTKOHL UND APFEL –

WOCHENENDE

FÜR 8 STÜCK

8	**Möhren**
	Salz, Pfeffer
50 ml	**helle Misopaste**
50 ml	**Sojasauce**
1 EL	**Räucherpaprikapulver**
2 EL	**Apfelessig**
2 EL	**Ahornsirup**
2 EL	**scharfer Senf**
1 Stück	**Kombualge (ca. 5 cm)**
1	**Schalotte**
4	**Cornichons**
	+ 2–3 EL Cornichonsud
100 g	**vegane Mayonnaise**
2 EL	**Sesamöl**
1 TL	**Wasabipaste**
300 g	**Rotkohl**
90 ml	**Zitronensaft**
1 TL	**Zucker**
1	**Apfel**
½ Bund	**Schnittlauch**
2 EL	**Rapsöl**
8	**Hotdog-Buns**
	Srirachasauce
4 EL	**Röstzwiebeln**

1 Die Möhren schälen und in kochendem Salzwasser ca. 10 Minuten garen.

2 Währenddessen Misopaste, Sojasauce, Paprikapulver, Essig, Ahornsirup und Senf verrühren. Die Möhren abgießen, abschrecken, trocken tupfen und mit der Marinade und der Kombualge in einen Gefrierbeutel geben. Alles gut vermischen und die Luft aus dem Beutel drücken. Mindestens 5 Stunden, am besten über Nacht, marinieren.

3 Für die Remoulade die Schalotte schälen und mit den Cornichons fein würfeln. Mayonnaise, Sesamöl und Wasabi verrühren. Schalotten- und Cornichonwürfel und 2–3 EL Cornichonsud untermischen, mit Salz und Pfeffer würzen. Den Rotkohl in feine Streifen schneiden, in einem Sieb unter kaltem Wasser abspülen, leicht ausdrücken und mit 60 ml Zitronensaft, Zucker und ½ TL Salz verkneten.

4 Den Apfel waschen, fein würfeln und mit restlichem Zitronensaft mischen. Den Schnittlauch in feine Röllchen schneiden.

5 Die Möhren aus der Marinade nehmen, trocken tupfen und im heißen Rapsöl in einer Grillpfanne 3–4 Minuten rundherum braten. Die Hotdog-Buns in einem Dämpfkorb über kochendem Wasser 2–3 Minuten dämpfen (alternativ in der Mikrowelle oder im Backofen bei 180 Grad 3–4 Minuten). Die Buns der Länge nach aufschneiden, aber nicht durchschneiden. Mit etwas Remoulade, je 1 Möhre, Rotkohl und Apfelwürfeln füllen. Mit Srirachasauce beträufeln und mit Röstzwiebeln und Schnittlauchröllchen bestreut servieren.

ZUBEREITUNG	UTENSILIEN	ANZAHL	NÄHRWERTE
ca. 30 Minuten + 5 Stunden Marinierzeit	Gefrierbeutel, Sieb, Grillpfanne, Dämpfkorb	8 Stück	pro Stück ca. 305 kcal, 6 g E, 17 g F, 32 g KH

KRÄUTERSEITLINGE AUF AUBERGINENMUS

— MIT SPINAT —

WOCHENENDE

FÜR 4 PORTIONEN

3	**Auberginen (à ca. 400 g)**
1 ½ EL	**helle Misopaste**
1 TL	**scharfer Senf**
80 ml	**Limettensaft**
1 TL	**Ahornsirup**
150 ml	**Olivenöl**
	Salz, Pfeffer
100 g	**Spinat**
2 Stiele	**Petersilie**
1	**Lauchzwiebel**
100 g	**veganer Schafskäse-Ersatz**
500 g	**Kräuterseitlinge**
2	**Knoblauchzehen**
2 EL	**Tahin (Sesammus)**
½ TL	**gemahlener Kreuzkümmel**
	Cayennepfeffer
60 g	**Granatapfelkerne**

1 Den Backofen auf 220 Grad vorheizen. Die Auberginen waschen und mehrmals mit der Gabel einstechen. Auf ein Backblech setzen und im heißen Ofen ca. 30 Minuten rösten. Dabei mehrmals wenden.

2 Inzwischen die Misopaste mit 50 ml Wasser, Senf, 50 ml Limettensaft, Ahornsirup, 90 ml Öl, Salz und Pfeffer zu einem Dressing verrühren. Den Spinat verlesen, waschen und trocken schleudern. Die Petersilie fein hacken. Lauchzwiebel waschen, putzen und dann in feine Ringe schneiden. Den Schafskäse zerbröseln. Die Pilze säubern, in Scheiben schneiden und anschließend mit 2 EL vom Misodressing mischen.

3 Die Auberginen leicht abkühlen lassen, längs halbieren. Das Fruchtfleisch mit einem Löffel aus der Schale lösen und fein hacken. Den Knoblauch schälen und fein hacken. Auberginenfruchtfleisch, die Hälfte des Knoblauchs, Tahin, 2 EL Öl, den restlichen Limettensaft, Salz, Kreuzkümmel und Cayennepfeffer miteinander vermengen.

4 Das restliche Öl in einer Pfanne erhitzen. Die Pilze darin portionsweise goldbraun braten, den restlichen Knoblauch und die Petersilie zugeben und mit Salz und Pfeffer würzen.

5 Den Spinat mit dem restlichen Dressing vermengen. Mit dem Auberginenmus und den gebratenen Pilzen anrichten. Mit Lauchzwiebeln, Schafskäse und Granatapfelkernen bestreuen und servieren.

ZUBEREITUNG	UTENSILIEN	ANZAHL	NÄHRWERTE
ca. 50 Minuten	Backblech	4 Portionen	pro Portion ca. 532 kcal, 15 g E, 44 g F, 19 g KH

Statt mit jungem Blattspinat schmeckt das Rezept auch mit Feldsalat, Rucola, Rote-Bete-Blättern oder Baby-Leaf-Salat.

Ein kinderleichtes Rezept für ein
weiteres veganes Gulasch gibt's hier:
yumtamtam.de/jackfruit-gulasch

JACKFRUIT-GULASCH

– MIT KARTOFFELN –

FÜR 6 PORTIONEN

500 g	**Zwiebeln**
2	**Knoblauchzehen**
90 ml	**Olivenöl**
500 g	**Jackfruit-Stücke in Lake (Glas)**
	Salz, Pfeffer
800 g	**Kartoffeln**
2 TL	**Kümmelsaat**
2	**Lorbeerblätter**
50 ml	**Tomatenmark**
50 g	**Paprikapulver, edelsüß**
1 EL	**Rotweinessig**
1 l	**Gemüsebrühe**
3 Stiele	**Petersilie**
1 TL	**getrockneter Majoran**
2 EL	**abger. Bio-Zitronenschale**
1 TL	**Paprikapulver, rosenscharf**

① Zwiebeln schälen und würfeln. 1 Knoblauchzehe schälen und würfeln. Zwei Drittel des Öls in einem Topf erhitzen, die Zwiebeln bei mittlerer Hitze in ca. 20 Minuten goldgelb braten.

② Inzwischen die Jackfruit in einem Sieb abspülen, ausdrücken, abtropfen lassen und mit Küchenpapier trocken tupfen. Restliches Öl in einer schweren Pfanne erhitzen. Die Jackfruit darin portionsweise knusprig anbraten. Dann salzen, pfeffern und herausnehmen.

③ Die Kartoffeln schälen, waschen und in ca. 2 cm große Stücke schneiden. Die Kartoffeln in kochendem Salzwasser ca. 5 Minuten garen, danach in einem Sieb abschrecken und abtropfen lassen.

④ Den gehackten Knoblauch, 1 TL Kümmel und Lorbeerblätter zu den Zwiebeln geben und kurz mitbraten. Das Tomatenmark hinzufügen und ca. 3 Minuten unter Rühren anrösten. Edelsüßes Paprikapulver untermischen und ca. 1 Minute anrösten. Mit Essig ablöschen, mit der Brühe aufgießen und aufkochen. Die Kartoffeln zugeben und alles mit Salz und Pfeffer würzen. Das Gulasch ca. 30 Minuten zugedeckt köcheln lassen. Die Jackfruit hinzufügen und weitere ca. 15 Minuten ohne Deckel garen.

⑤ Restlichen Kümmel in einer Pfanne ohne Fett anrösten, abkühlen lassen und im Mörser zerstoßen. Restlichen Knoblauch schälen und mit der Petersilie fein schneiden. Mit Majoran, Zitronenschale, rosenscharfem Paprikapulver und Kümmel mischen. Die Gewürzmischung zum Gulasch geben, weitere ca. 5 Minuten kochen und dann servieren.

ZUBEREITUNG	UTENSILIEN	ANZAHL	NÄHRWERTE
ca. 1 Stunde 40 Minuten	Sieb, Mörser	6 Portionen	pro Portion ca. 448 kcal, 7 g E, 19 g F, 60 g KH

MAC & „CHEESE"

– MIT PETERSILIE –

WOCHENENDE

FÜR 4 PORTIONEN

½ Stange	**Staudensellerie**
60 g	**Zwiebeln**
1	**Knoblauchzehe**
100 g	**Kartoffeln**
80 g	**Möhren**
60 ml	**Albaöl**
1 EL	**Räucherpaprika-pulver**
2 TL	**Apfelessig**
	Salz
200 ml	**vegane Schlagcreme**
80 g	**Cashew- oder Mandelmus**
60-80 g	**Hefeflocken**
1–2 TL	**Sojasauce**
	Cayennepfeffer
400 g	**kurze Nudeln (z. B. Hörnchennudeln)**
80 g	**Pankobrösel**
2 Stiele	**Petersilie**

1 Den Sellerie waschen, putzen und würfeln. Die Zwiebeln schälen und würfeln. Den Knoblauch schälen und fein schneiden. Kartoffeln und Möhren schälen, waschen und klein würfeln. 2 EL Öl in einem Topf erhitzen. Zwiebeln, Sellerie, Möhren und Knoblauch darin glasig dünsten. Die Kartoffeln dazugeben und einige Minuten mitdünsten. Das Paprikapulver hinzufügen, ebenfalls kurz mitdünsten, mit Essig ablöschen. Mit 140 ml Wasser auffüllen, salzen und zugedeckt in 8–10 Minuten weich garen.

2 Das Gemüse mit dem Kochwasser, Schlagcreme, Nussmus, Hefeflocken und Sojasauce im Mixer sehr fein pürieren. Die Sauce mit Salz und Cayennepfeffer abschmecken.

3 Die Nudeln nach Packungsanleitung in reichlich Salzwasser bissfest garen. Währenddessen die Pankobrösel in einer Pfanne ohne Fett goldgelb anrösten. Dann das übrige Öl untermischen und die Brösel aus der Pfanne nehmen.

4 Den Backofen auf 200 Grad vorheizen. Die Nudeln in einem Sieb abgießen, abtropfen lassen, in einer Auflaufform (ca. 26 cm Ø) mit der Sauce mischen und mit den Pankobröseln bestreuen. Im heißen Ofen auf der mittleren Schiene ca. 20 Minuten backen.

5 Die Petersilienblättchen von den Stielen zupfen und in feine Streifen schneiden. Den Auflauf aus dem Ofen nehmen, mit den Petersilienstreifen bestreuen und servieren.

ZUBEREITUNG	UTENSILIEN	ANZAHL	NÄHRWERTE
ca. 1 Stunde	Mixer, Sieb, Auflaufform	4 Portionen	pro Portion ca. 820 kcal, 22 g E, 38 g F, 96 g KH

HINTERHER

KUCHEN – TORTEN – COOKIES – GRUNDTEIGE – DESSERTS – EIS

Ihnen gewidmet: Herrlich schokoladige Kuchen, Leichtes mit Frucht oder Dessertcremes.

Rezepte für

23

süße Momente

BROWNIE

– MIT NÜSSEN UND FEIGEN –

FÜR 14 STÜCKE

2 EL	**geschrotete Leinsamen**
5	**getrocknete Feigen**
60 g	**Walnüsse**
150 g	**Mehl**
1 TL	**Weinstein-Backpulver**
25 g	**Kakaopulver**
¼ TL	**Salz**
100 g	**vegane Zartbitterschokolade**
150 g	**veganer Butter-Ersatz**
125 g	**Zucker**
1 TL	**Vanillepaste**
80 ml	**Sojadrink**

Außerdem:

1 EL	**Kakaopulver**
2 EL	**gehackte Walnüsse**

1 Den Backofen auf 180 Grad vorheizen. Eine viereckige Backform (20 x 20 cm; alternativ eine Springform mit 22 cm Ø) mit Backpapier auslegen. Den Leinsamen mit 90 ml heißem Wasser verrühren und ca. 10 Minuten quellen lassen. Die Feigen fein würfeln und die Nüsse fein hacken.

2 Das Mehl mit dem Backpulver, Kakao und Salz in eine große Rührschüssel geben und alles vermischen.

3 Die Schokolade fein hacken und mit der Butter in einem Topf unter Rühren schmelzen. Danach mit Zucker und Vanillepaste verrühren. Schoko-Butter-Mischung, Sojadrink und den eingeweichten Leinsamen in die Mehl-Mischung geben. Alles kurz zu einem Teig verrühren und anschließend die Feigen und die Nüsse unterheben.

4 Den Teig in die vorbereitete Backform geben und darin mit einem Teigschaber glatt verstreichen. Im heißen Ofen auf der mittleren Schiene 20–25 Minuten backen. Danach in der Form auf einem Gitter abkühlen lassen. Zum Servieren mit Kakaopulver bestäuben und mit Walnüssen bestreuen.

HINTERHER

ZUBEREITUNG	UTENSILIEN	ANZAHL	NÄHRWERTE
ca. 50 Minuten + Wartezeit	Backform, Backpapier, große Rührschüssel, Teigschaber	14 Stücke	pro Stück ca. 261 kcal, 4 g E, 16 g F, 25 g KH

NO-BAKE- „CHEESECAKE"

– MIT MANGO UND MARACUJA –

HINTERHER

FÜR 12–16 STÜCKE

Für den Boden:

80 g	**Mandeln**
60 g	**Walnüsse**
90 g	**Kokosraspel**
100 g	**zarte Haferflocken**
1 TL	**fein abger. Bio-Zitronenschale**
300 g	**Medjool-Datteln, entsteint**
1 EL	**Kokosöl**
1 TL	**Vanillepaste**

Für die Füllung:

250 g	**Mango-Fruchtfleisch**
250 g	**veganer Frischkäse-Ersatz**
50 g	**Zucker**
2 TL	**fein abger. Bio-Limettenschale**
2 EL	**Limettensaft**
200 ml	**vegane Schlagcreme**
1 Beutel	**Agar Agar (ca. 7,5 g)**
80 ml	**Kokosmilch (aus der Dose)**

Für das Fruchtpüree:

3	**Maracujas**
150 g	**Mango-Fruchtfleisch**
2 EL	**Orangensaft**
2 EL	**Agavendicksaft**

① Mandeln und Walnüsse in einem Blitzhacker fein mahlen. Kokosraspel, Haferflocken, Zitronenschale, Datteln, Kokosöl und Vanillepaste dazugeben und alles im Mixer zu einer klebrigen Masse pürieren. Die Masse in eine mit Backpapier ausgelegte Springform (24 cm Ø) geben und fest andrücken, dabei einen ca. 2–3 cm hohen Rand formen.

② Für die Füllung Mango-Fruchtfleisch, Frischkäse, Zucker, Limettenschale und -saft in einem Mixer fein pürieren. Die Schlagcreme steif schlagen. Agar Agar und die Kokosmilch in einem kleinen Topf verrühren, aufkochen und unter Rühren ca. 2 Minuten köcheln lassen. Vom Herd nehmen, abkühlen lassen.

③ 3 EL der Mango-Mischung in die Kokosmilch-Mischung rühren, diese Mischung dann zügig unter die restliche Mango-masse rühren. Die Schlagcreme unterheben und die Creme auf den Boden streichen. Zugedeckt mindestens 4 Stunden oder über Nacht kalt stellen.

④ Für das Fruchtpüree die Maracujas halbieren und das Innere herauslösen, dieses im Mixer sehr kurz anpürieren. Mango-Fruchtfleisch, Orangensaft und Agavendicksaft im Mixer fein pürieren. Dann mit dem Maracujapüree mischen. Die Torte vorsichtig aus der Form lösen, mit dem Fruchtpüree dekorieren und servieren.

TIPP Wer den Boden knuspriger mag, kann diesen auch vorbacken. Dafür den Boden im heißen Ofen bei 180 Grad auf der untersten Schiene ca. 15 Minuten backen. In der Form auf einem Gitter abkühlen lassen.

ZUBEREITUNG	UTENSILIEN	ANZAHL	NÄHRWERTE
ca. 45 Minuten + 4 Stunden Kühlzeit	Blitzhacker, Mixer, Backpapier, Springform	12–16 Stücke	pro Stück ca. 287 kcal, 5 g E, 16 g F, 29 g KH

NICECREAM MIT BROWNIE

NICECREAM MIT PEANUTBUTTER

Den Brownie gibt's auf S. 167

NICECREAM MIT BROWNIE

FÜR 6 PORTIONEN

- 4 reife Bananen
- 60 g vegane Zartbitterschokolade
- 180 g Brownie • 2 EL Backkakao
- 1 EL Mandeldrink
- 1 EL Ahornsirup

1 Die Bananen schälen, in dünne Scheiben schneiden, in einen Gefrierbeutel geben und 4 Stunden oder über Nacht einfrieren.

2 Die Schokolade hacken und den Brownie fein würfeln. Gefrorene Bananenscheiben 5–10 Minuten antauen lassen, danach mit Kakaopulver, Mandeldrink und Ahornsirup im Mixer fein pürieren. 30 g gehackte Schokolade und die Browniewürfel mit einem Spatel untermischen. Die Bananen-Brownie-Masse in eine Form (ca. 15 x 20 cm) streichen und weitere ca. 30 Minuten einfrieren.

3 Die restliche Schokolade in einer kleinen Metallschüssel über einem heißen Wasserbad schmelzen. Die Nicecream mit der flüssigen Schokolade beträufeln und servieren.

ZUBEREITUNG: ca. 40 Minuten + Gefrierzeit
NÄHRWERTE: pro Portion ca. 357 kcal,
5 g E, 10 g F, 46 g KH
UTENSILIEN: Gefrierbeutel, Mixer, Spatel, Form, kleine Metallschüssel

NICECREAM MIT PEANUTBUTTER

FÜR 6 PORTIONEN

- 4 reife Bananen
- 10 Medjool-Datteln, entsteint
- 1 EL Kokosblütenzucker • 80 g Erdnussmus
- 1 EL Kokosöl • Meersalz • 1 EL Ahornsirup
- 2 EL geröstete und gesalzene Erdnüsse

1 Die Bananen schälen, in dünne Scheiben schneiden, in einen Gefrierbeutel geben und 4 Stunden oder über Nacht einfrieren.

2 Für den Karamell-Fudge die Datteln fein würfeln, mit dem Kokosblütenzucker und 90 ml Wasser in einem Topf aufkochen und ca. 5 Minuten zu einer cremigen Paste köcheln lassen. Paste abkühlen lassen, mit 60 g Erdnussmus und Kokosöl im Blitzhacker pürieren. In eine flache, mit Klarsichtfolie ausgelegte Form (16 x 11 cm) drücken, mit etwas Meersalz bestreuen und über Nacht einfrieren.

3 Die Hälfte vom Karamell-Fudge klein würfeln, den Rest wieder einfrieren und später verwenden. Die Bananen 5–10 Minuten antauen lassen, dann mit übrigem Erdnussmus und Ahornsirup im Mixer sehr fein pürieren. Gewürfelten Fudge (bis auf 1 EL) mit einem Spatel untermischen. In eine Form (15 x 20 cm) streichen, mit Erdnüssen und restlichen Fudgewürfeln bestreuen und 30–40 Minuten einfrieren. Zu Kugeln abstechen und servieren.

ZUBEREITUNG: ca. 40 Minuten + Gefrierzeit
NÄHRWERTE: pro Portion ca. 234 kcal,
5 g E, 9 g F, 32 g KH
UTENSILIEN: Gefrierbeutel, Blitzhacker, Frischhaltefolie, flache Form, Mixer, Spatel, Form

HEIDELBEER-SEMIFREDDO

– MIT KOKOS –

FÜR 10 PORTIONEN

500 g	**TK-Heidelbeeren (aufgetaut)**
2 TL	**fein abger. Bio-Orangenschale**
60 ml	**Ahornsirup**
140 ml	**Orangensaft**
50 ml	**Orangenlikör**
400 ml	**Kokosmilch (aus der Dose)**
400 ml	**vegane Schlagcreme**
50 g	**Zucker**
2 TL	**Speisestärke**
1 l	**Vanillepaste**
1 TL	**fein abger. Bio-Zitronenschale**
50 ml	**Zitronensaft**
80 g	**Kokosmehl**
1 Pckg.	**Sahnefestiger**
60 ml	**Orangensaft**
200 g	**frische Heidelbeeren**

1 Für die Heidelbeermasse die TK-Heidelbeeren, Orangenschale, Ahornsirup und Orangensaft aufkochen und offen ca. 20 Minuten köcheln lassen, dabei mehrfach umrühren. Den Likör unterrühren und alles abkühlen lassen.

2 Für die Kokosmasse die Kokosmilch, 100 ml Schlagcreme, Zucker, Stärke, Vanillepaste, Zitronenschale, -saft und Kokosmehl in einem Topf unter Rühren gut aufkochen. Dann in eine Schüssel füllen und vollständig abkühlen lassen.

3 Die restliche Schlagcreme mit Sahnefestiger steif schlagen. ⅓ unter die Kokosmasse rühren, Rest vorsichtig unterheben.

4 Eine Form (ca. 24 x 24 cm) mit Frischhaltefolie auslegen. ⅓ der Kokosmasse hineingeben und verstreichen, darauf ⅓ der Heidelbeermasse schichten. Diese Schichtungen wiederholen, bis die Zutaten verbraucht sind, dabei jedoch 3 EL der Heidelbeermasse zum Garnieren beiseitestellen. Anschließend mindestens 8 Stunden einfrieren, am besten über Nacht.

5 Das Semifreddo ca. 20 Minuten vor dem Servieren aus dem Gefrierfach nehmen und in Würfel schneiden. Für die Fruchtsauce die restliche Heidelbeermasse und den Orangensaft verrühren. Die frischen Heidelbeeren verlesen, waschen und abtropfen lassen. Die Semifreddo-Würfel mit der Fruchtsauce und den frischen Heidelbeeren garniert servieren.

TIPP Das Semifreddo lässt sich nach Belieben auch mit Erdbeeren, Himbeeren oder Mango zubereiten.

ZUBEREITUNG	UTENSILIEN	ANZAHL	NÄHRWERTE
ca. 45 Minuten + Kühl- und Gefrierzeit	Quadratische Form, Frischhaltefolie	10 Portionen	pro Portion ca. 209 kcal, 1 g E, 14 g F, 18 g KH

Im Unterschied zu klassischem Speiseeis wird Semifreddo nicht in der Eismaschine hergestellt, sondern in einer Form im Gefrierfach so lange gefroren, bis es die gewünschte Konsistenz erreicht hat.

AVOCADO-„SCHOKO"-MOUSSE

FÜR 6 PORTIONEN

100 g	**vegane Zartbitter-schokolade**
1–2	**reife Avocados (ca. 300 g Avocado-Fruchtfleisch)**
4	**Medjool-Datteln, entsteint**
2 EL	**Ahornsirup**
60 ml	**Mandeldrink**
1 TL	**Kakaopulver**
200 g	**vegane Schlagcreme**

1 80 g Schokolade hacken, in eine Metallschüssel geben und über einem heißen Wasserbad schmelzen. Danach etwas abkühlen lassen.

2 Die Avocados halbieren und die Kerne entfernen. Das Fruchtfleisch mit einem Löffel aus der Schale heben. Mit Datteln, Ahornsirup, Mandeldrink, Kakaopulver und der zerlassenen Schokolade in einen Mixer geben und sehr fein pürieren.

3 Die Schlagcreme steif schlagen, die Hälfte unter die Mousse heben. Die Mousse in Gläser füllen. Restliche Schlagcreme darauf verteilen und danach ca. 1 Stunde kalt stellen.

4 Die restliche Schokolade hacken oder raspeln. Die Mousse mit der Schokolade bestreut servieren.

ZUBEREITUNG	UTENSILIEN	ANZAHL	NÄHRWERTE
ca. 25 Minuten + 1 Stunde Kühlzeit	Metallschüssel, Mixer	6 Portionen	pro Portion ca. 340 kcal, 4 g E, 27 g F, 21 g KH

COOKIE-DOUGH-KUGELN

FÜR CA. 30 STÜCK

150 g	**Mehl**
125 g	**veganer Butter-Ersatz**
40 g	**Zucker**
100 g	**brauner Zucker**
¼ TL	**Salz**
1 TL	**Vanillepaste**
2 EL	**Sojadrink**
60 g	**vegane Schokotröpfchen**
40 g	**vegane Zartbitter-schokolade**
40 g	**vegane weiße Schokolade**

1 Backofen auf 120 Grad vorheizen. Mehl auf einem Backblech mit Backpapier verteilen und im heißen Ofen ca. 10 Minuten rösten. Anschließend das Backblech mit dem Mehl auf ein Gitter stellen und vollständig abkühlen lassen.

2 Butter, weißen und braunen Zucker, Salz und Vanillepaste in eine Schüssel geben. Mit den Quirlen des Handmixers cremig rühren. Mehl mit Sojadrink dazugeben und kurz unterrühren. Schokotröpfchen unterrühren, den Teig ca. 1 Stunde kalt stellen.

3 Aus dem Teig mit einem Teelöffel 30 Portionen abstechen, zu Kugeln formen. Beide Schokosorten getrennt hacken und in kleinen Metallschüsseln über einem heißen Wasserbad schmelzen lassen. Je 15 Kugeln mit dunkler Schokolade und 15 Kugeln mit weißer Schokolade beträufeln. Ca. 1 Stunde kalt stellen. Dann die Kugeln im Kühlschrank in einer Dose aufbewahren. Dose dabei nicht ganz verschließen, sonst nässt der Teig. So sind sie 3–4 Tage haltbar.

ZUBEREITUNG	UTENSILIEN	ANZAHL	NÄHRWERTE
ca. 30 Minuten + Wartezeit	Backblech, Backpapier, Hand-mixer, kleine Metallschüsseln	ca. 30 Stück	pro Stück ca. 91 kcal, 1 g E, 5 g F, 11 g KH

ZIMTROLLEN

– MIT GLASUR UND PEKANNUSSKERNEN –

FÜR 12 STÜCK

Für den Teig:

20 g	**frische Hefe**
280 ml	**lauwarmer Sojadrink**
80 g	**Zucker**
500 g	**Dinkelmehl (Type 630)** + etwas zum Bearbeiten
½ TL	**Salz**
100 g	**weicher veganer Butter-Ersatz** + etwas für die Form

Für die Füllung:

40 g	**veganer Butter-Ersatz**
50 g	**Zucker**
2 TL	**Zimtpulver**

Für die Glasur:

100 g	**Kokosblütenzucker**
3 EL	**Sojadrink**
20 g	**veganer Butter-Ersatz**
¼ TL	**Meersalzflocken**

Außerdem:

	Rapsöl für die Schüssel
50 g	**geröstete Pekannuss-kerne**

1 Für den Teig die Hefe zerbröseln und mit 120 ml lauwarmem Sojadrink sowie 2 EL Zucker verrühren. Mit 2 EL Mehl bestäuben und ca. 10 Minuten gehen lassen. Das restliche Mehl und das Salz in einer Rührschüssel mischen. Restlichen Zucker, übrigen Sojadrink und die Hefe-Mischung dazugeben, dann alles mit den Knethaken des Handmixers verkneten. Dabei nach und nach die weiche Butter in Stücken hinzufügen und alles in 2–3 Minuten zu einem glatten, glänzenden Teig verkneten. Auf der Arbeitsfläche mit den Händen ca. 5 Minuten kneten. In eine mit Öl ausgestrichene Schüssel geben und mit einem feuchten Geschirrtuch zugedeckt ca. 1 Stunde gehen lassen.

2 Für die Füllung die Butter in einem kleinen Topf zerlassen. Zucker und Zimt mischen. Den Teig nochmals gut durchkneten und auf einer bemehlten Fläche ca. 50 x 45 cm groß ausrollen. Mit der flüssigen Butter bestreichen, dabei am oberen und unteren Ende einen ca. 2 cm breiten Rand frei lassen. Den Teig mit der Zimt-Zucker-Mischung bestreuen. Von der langen Seite her fest aufrollen und anschließend in 12 Scheiben schneiden. Eine Springform (26 cm Ø) fetten und die Teigscheiben mit der Schnittfläche nach oben hineinsetzen. Zugedeckt weitere ca. 30 Minuten gehen lassen.

3 Kurz vor Ende der Gehzeit den Backofen auf 180 Grad vorheizen. Die Zimtschnecken ca. 25 Minuten auf der mittleren Schiene backen. Inzwischen für die Karamellglasur den Kokosblütenzucker, Sojadrink, Butter und Meersalzflocken in einem Topf vermischen und aufkochen. Offen 5–7 Minuten köcheln lassen, dabei mehrfach umrühren. Die Schnecken aus dem Ofen nehmen, kurz abkühlen lassen. Dann vorsichtig aus der Form lösen, auf eine Platte setzen und mit der Karamellglasur beträufeln. Die Nüsse hacken, über die Zimtrollen streuen und am besten warm servieren.

ZUBEREITUNG	UTENSILIEN	ANZAHL	NÄHRWERTE
ca. 1 Stunde 10 Minuten + Wartezeit	Rührschüssel, Handmixer, Geschirrtuch, Springform	12 Stück	pro Stück ca. 349 kcal, 8 g E, 14 g F, 47 g KH

DONUTS

– MIT „SCHOKO"-, HIMBEER- UND ZITRONEN-TOPPING –

FÜR 15 STÜCK

Für die Donuts:

20 g	**frische Hefe**
50 g	**Zucker**
150 ml	**lauwarmer Sojadrink**
300 g	**Mehl**
	+ etwas zum Bearbeiten
30 g	**weicher veganer Butter-Ersatz**
2 EL	**Sojaghurt**
¼ TL	**Salz**
2 l	**Rapsöl zum Frittieren + etwas mehr für die Schüssel und das Backblech**

Für die Garnitur:

100 g	**vegane Zartbitterschokolade**
1 TL	**Kokosöl**
2 EL	**gehackte Haselnüsse**
2 EL	**Kakaonibs**
200 g	**Puderzucker**
50 g	**Himbeerkonfitüre (ohne Stücke)**
60 ml	**Zitronensaft**
60 g	**gehackte, gefriergetrocknete Himbeeren**
2 EL	**gehackte Pistazien**
2 EL	**Kokosraspel**

1 Die Hefe zerbröseln, mit Zucker und Sojadrink verrühren, mit 2 EL Mehl bestäuben und ca. 10 Minuten gehen lassen. Dann mit dem restlichen Mehl, Butter, Sojaghurt und Salz in eine Schüssel geben. Zuerst mit den Knethaken des Handmixers, danach mit den Händen ca. 8 Minuten zu einem glatten, noch etwas klebrigen Teig verkneten. Eine Schüssel mit 1 TL Öl ausstreichen, den Teig zu einer Kugel formen, hineinlegen und mit einem feuchten Tuch zugedeckt an einem warmen Ort ca. 1 Stunde gehen lassen.

2 Teig auf bemehlter Arbeitsfläche durchkneten. 20 x 25 cm groß ausrollen. Mit einem Ausstecher (8 cm Ø) Kreise ausstechen. Einen kleinen Kreis (2,5 cm Ø) mittig ausstechen. Teigreste ausrollen und ausstechen. Mehl von den Donuts pinseln, Donuts auf ein geöltes Blech legen. Zugedeckt ca. 15 Minuten gehen lassen.

3 10 Minuten vor Ende der Gehzeit Öl in einem Topf auf 170 Grad erhitzen. Donuts portionsweise 1 ½–2 Minuten darin backen, wenden und weitere 1 ½–2 Minuten backen. Herausheben und auf Küchenpapier abtropfen lassen. Auf einem Gitter abkühlen lassen.

„SCHOKO"-DONUTS Schokolade hacken, mit Kokosöl in einer Metallschüssel über dem Wasserbad schmelzen. 5 Donuts bestreichen, mit Nüssen und Kakaonibs bestreuen.

HIMBEER-DONUTS 100 g Puderzucker, Konfitüre und 2 EL Zitronensaft verrühren. 5 Donuts damit bestreichen und mit den gehackten Himbeeren bestreuen.

ZITRONEN-DONUTS 100 g Puderzucker und 2 EL Zitronensaft verrühren. 5 Donuts damit bestreichen, mit Pistazien und Kokosraspeln bestreuen. Auf einem Kuchengitter trocknen lassen.

ZUBEREITUNG: ca. 55 Minuten + Wartezeit

NÄHRWERTE „SCHOKO"-DONUTS: pro Stück ca. 342 kcal, 5 g E, 22 g F, 29 g KH

NÄHRWERTE HIMBEER-DONUTS: pro Stück ca. 300 kcal, 3 g E, 12 g F, 44 g KH

NÄHRWERTE ZITRONEN-DONUTS: pro Stück ca. 322 kcal, 4 g E, 17 g F, 39 g KH

UTENSILIEN: Handmixer, Ausstecher, Schaumkelle

„SCHOKO"-
DONUTS

ZITRONEN-
DONUTS

HIMBEER-
DONUTS

Ein weiteres kinderleichtes
Rezept zu den Donuts gibt's hier:
yumtamtam.de/donuts

Die restliche Kokosmilch für den No-Bake-„Cheescake" verwenden: **S. 168**

CARAMEL-„CHOCOLATE"-BARS

– MIT GESALZENEN ERDNÜSSEN –

FÜR 18 STÜCK

Für den Boden:

100 g	**veganer Butter-Ersatz**
100 g	**zarte Haferflocken**
100 g	**Mehl**
½ TL	**Weinstein-Backpulver**
etwas	**Meersalz**
90 g	**heller Vollrohrzucker**
20 g	**dunkler Zuckerrüben-sirup**

Für das Karamell:

120 g	**veganer Butter-Ersatz**
220 g	**heller Vollrohrzucker**
30 g	**dunkler Zuckerrüben-sirup**
150 ml	**Kokosmilch (aus der Dose)**
60 g	**Erdnussbutter**
150 g	**geröstete und gesalzene Erdnüsse**

Für die Glasur:

300 g	**vegane Zartbitter-kuvertüre**
20 g	**Kokosöl**
25 g	**geröstete und gesalzene Erdnüsse**

1 Für den Boden den Backofen auf 190 Grad vorheizen. Eine Backform (25 x 18 cm) mit Backpapier auslegen. Die Butter in einem kleinen Topf zerlassen und etwas abkühlen lassen. Haferflocken, Mehl, Backpulver, ¼ TL Meersalz, hellen Vollrohrzucker, Rübensirup und flüssige Butter in einer Schüssel mit den Knethaken des Handmixers zu einem streuselartigen Teig vermischen.

2 Den Teig in der Form verteilen und gut andrücken. Im heißen Ofen auf der untersten Schiene 12–15 Minuten backen. Anschließend in der Form auf einem Kuchengitter abkühlen lassen.

3 Für das Karamell Butter, hellen Vollrohrzucker, Sirup, Kokosmilch und die Erdnussbutter in einem Topf langsam unter Rühren aufkochen, sodass die Zutaten sich gut verbinden. Bei mittlerer Hitze 13–15 Minuten kochen, bis die Masse andickt, aber noch von einem Löffel läuft. Dabei mehrfach umrühren. Den Topf vom Herd nehmen und die Erdnüsse unterrühren. Ca. 5 Minuten abkühlen lassen, dabei immer wieder umrühren. Dann auf dem abgekühlten Boden verteilen und bei Zimmertemperatur abkühlen lassen. Zugedeckt ca. 24 Stunden in den Kühlschrank stellen. Danach vorsichtig aus der Form heben, in Riegel von 8 x 3 cm schneiden und wieder kalt stellen.

4 Für die Glasur die Kuvertüre hacken. Mit dem Kokosöl in einer Metallschüssel über einem heißen Wasserbad schmelzen. Die Erdnüsse hacken. Ein Gitter über ein Backpapier stellen. Die Riegel in die Kuvertüre tauchen, abtropfen lassen und auf das Gitter setzen. Mit den Erdnüssen bestreuen und ca. 30 Minuten kalt stellen. Bis zum Servieren im Kühlschrank aufbewahren. In einer verschließbaren Dose halten sich die Riegel 2–3 Wochen.

ZUBEREITUNG	UTENSILIEN	ANZAHL	NÄHRWERTE
ca. 1 Stunde 30 Minuten + Kühlzeit	Backform, Backpapier, Handmixer, Metallschüssel	18 Stück	pro Stück ca. 387 kcal, 6 g E, 24 g F, 37 g KH

CARROT CAKE

– MIT ORANGEN UND NÜSSEN –

HINTERHER

FÜR 14 STÜCKE

Für den Teig:

170 ml	**Sojadrink**
30 g	**geschrotete Leinsamen**
150 g	**weicher veganer Butter-Ersatz + etwas für die Form**
200 g	**Möhren**
200 g	**Mehl**
3 TL	**Weinstein-Backpulver**
100 g	**gemahlene Haselnüsse**
100 g	**feiner Rohrzucker**
¼ TL	**Salz**
½ TL	**Zimtpulver**
1 Msp.	**Nelke, gemahlen**
3 EL	**kohlensäurehaltiges Mineralwasser**

Für das Topping:

100 g	**veganer Butter-Ersatz**
1 TL	**fein abger. Bio-Orangenschale**
100 g	**Puderzucker**
300 g	**veganer Frischkäse-Ersatz**
2 EL	**Orangensaft**

Außerdem:

30 g	**geröstete, gehackte Haselnüsse**
1 EL	**Bio-Orangenschale, in Zesten abgezogen**

1 Für den Teig den Sojadrink aufkochen, über den Leinsamen gießen und ca. 10 Minuten quellen lassen. Eine Springform (ca. 20 cm Ø) fetten. Den Backofen auf 175 Grad vorheizen.

2 Die Möhren schälen und fein raspeln. Mehl, Backpulver und Nüsse mischen. Weiche Butter, Rohrzucker, Salz, Zimt und Nelke mit den Quirlen des Handmixers ca. 5 Minuten sehr cremig rühren. Möhren, Leinsamen-Mischung und Mineralwasser kurz unterrühren. Die Mehl-Mischung unterheben. Den Teig in die vorbereitete Form streichen. Im heißen Ofen auf der untersten Schiene ca. 50 Minuten backen. Herausnehmen und in der Form auf einem Kuchengitter abkühlen lassen.

3 Für das Topping weiche Butter, abgeriebene Orangenschale und Puderzucker mit den Quirlen des Handmixers ca. 5 Minuten cremig aufschlagen. Den Frischkäse auf langsamer Stufe unterrühren. Die Creme ca. 1 Stunde kalt stellen.

4 Den Kuchen aus der Form lösen, einmal waagerecht teilen. Den unteren Boden mit der Hälfte der Creme bestreichen, den oberen Boden daraufsetzen und mit restlicher Creme bestreichen. Ca. 1 Stunde kalt stellen. Den Kuchen mit den gehackten Haselnüssen und den Orangenzesten bestreuen und servieren.

TIPP Da der Teig ziemlich locker ist, sollte der Carrot Cake vor dem Schneiden und Servieren vollständig abgekühlt sein.

ZUBEREITUNG	UTENSILIEN	ANZAHL	NÄHRWERTE
ca. 1 Stunde 15 Minuten + Wartezeit	Springform, Handmixer	14 Stücke	pro Stück ca. 368 kcal, 6 g E, 26 g F, 27 g KH

Luftdicht verpackt und im Kühlschrank gelagert, bleibt der Carrot Cake drei bis vier Tage frisch.

GRUNDTEIGE

HEFEWÜRFEL
Hefe sorgt dafür, dass der Teig aufgeht und am Ende das Backwerk schön luftig ist. Und: Man kann sie als Veganer:in bedenkenlos verwenden, denn sie ist immer vegan.

MEHL
ist nicht immer vegan: Es kann L-Cystein oder E 920 enthalten, das etwa aus Federn, Haaren oder Borsten gewonnen wird. Das muss aber in der Zutatenliste stehen.

PFLANZLICHE DRINKS
Egal, ob vegane Milch-Ersätze aus Kokos, Reis, Hafer, Soja oder Mandeln, um nur ein paar zu nennen: Beim veganen Backen sind sie der Hit!

PUDERZUCKER
Kuchenglasuren müssen kein Eiweiß oder Milchschokolade enthalten: Puderzucker mit Wasser und z. B. Zitronensaft bildet eine prima Basis-Glasur.

VEGANER BUTTER-ERSATZ
Steht auf der Packung „Butter", ist ein Produkt nicht vegan. Auch Margarine darf Milchbestandteile enthalten. Gut also, dass es veganen Ersatz gibt: aus Kokos-, Palm-, Sheafett oder Ölen aus Raps- oder Sonnenblumenkernen.

HEFETEIG

FÜR 1 BLECH ODER 1 HEFEZOPF

• 20 g frische Hefe • 280 ml Sojadrink • 80 g Zucker • 500 g Dinkelmehl (Type 630) • 1 TL Salz • 100 g weiche vegane Margarine • Rapsöl für die Schüssel

1 Die Hefe zerbröseln und mit 120 ml lauwarmem Sojadrink und 2 EL Zucker verrühren. Mit 2 EL Mehl bestäuben und ca. 10 Minuten gehen lassen.

2 Restliches Mehl und Salz in einer Schüssel mischen. Übrigen Zucker, restlichen Sojadrink und die Hefe-Mischung dazugeben und alles mit den Knethaken des Handmixers verkneten. Dabei nach und nach die weiche Margarine in Stücken hinzufügen und alles 2–3 Minuten zu einem glatten, glänzenden Teig verkneten. Dann auf der Arbeitsfläche mit den Händen weitere ca. 5 Minuten kneten. In eine mit Öl ausgestrichene Schüssel geben und mit einem feuchten Tuch zugedeckt ca. 1 Stunde gehen lassen, bis sich das Volumen verdoppelt hat. Den Teig anschließend je nach Rezept weiterverarbeiten.

ZUBEREITUNG: ca. 20 Minuten + Wartezeit
NÄHRWERTE: pro Stück (bei 12 Stk.) ca. 238 kcal, 7 g E, 8 g F, 33 g KH
UTENSILIEN: Handmixer

MÜRBETEIG

FÜR 1 SPRINGFORM (26 CM Ø)

• 125 g veganer Butter-Ersatz + etwas für die Form • 50 g Puderzucker • Salz • 250 g Mehl + etwas zum Bearbeiten • getr. Hülsenfrüchte zum Blindbacken

1 Butter in Stückchen, Puderzucker, 1 Prise Salz, Mehl und 3 EL kaltes Wasser in eine Schüssel geben. Zunächst mit den Knethaken des Handmixers, dann mit den Händen zügig verkneten. Teig in Folie gewickelt mindestens 1 Stunde kalt stellen.

2 Den Teig auf einer bemehlten Arbeitsfläche ausrollen. In eine gefettete Springform legen, den Rand gut andrücken und evtl. begradigen. Den Boden mehrfach mit einer Gabel einstechen.

3 Den Boden zur weiteren Verarbeitung blind vorbacken. Dazu Backpapier auf den Boden legen, mit den Hülsenfrüchten beschweren und im heißen Ofen bei 190 Grad ca. 15 Minuten backen. Hülsenfrüchte und Backpapier entfernen, weitere ca. 5 Minuten backen. Boden je nach Rezept weiterverarbeiten.

ZUBEREITUNG: ca. 20 Minuten + Wartezeit
NÄHRWERTE: pro Stück (bei 12 Stk.) ca. 162 kcal, 2 g E, 9 g F, 19 g KH
UTENSILIEN: Handmixer, Frischhaltefolie, Springform, Backpapier

RÜHRTEIG

FÜR 1 SPRINGFORM (26 CM Ø)

• 250 g Dinkelmehl (Type 630) + etwas für die Form • 3 TL Weinstein-Backpulver • 30 g Speisestärke • 125 g Zucker • 1 Prise Salz • 250 ml Pflanzendrink • 125 ml Sonnenblumenöl + etwas für die Form

1 Mehl, Backpulver und Stärke durch ein feines Küchensieb in eine große Rührschüssel sieben. Zucker und Salz hinzufügen und alles mit einem Rührlöffel gut vermischen. Anschließend Pflanzendrink und Öl zu dem Mehl-Zucker-Gemisch geben.

2 Alles mit dem Schneebesen kurz zu einem glatten Teig verrühren, bis sich die trockenen Zutaten gerade so mit den flüssigen verbinden. Der Rührteig soll zähflüssig sein.

3 Den Teig in einer gefetteten Springform glatt streichen, die Form dabei einige Male auf die Arbeitsfläche stoßen, um mögliche Luftblasen zu entfernen. Den Kuchen sofort im heißen Ofen bei 180 Grad je nach Rezept und Form ca. 45–60 Minuten backen.

ZUBEREITUNG: ca. 75 Minuten
NÄHRWERTE: pro Stück (bei 12 Stk.) ca. 217 kcal, 3 g E, 11 g F, 26 g KH
UTENSILIEN: Rührschüssel, Rührlöffel, Schneebesen, Springform

APRIKOSEN-TARTE-TATIN

– MIT CHILIFLOCKEN UND MANDELN –

FÜR 16 STÜCKE

Für den Teig:

125 g	**veganer Butter-Ersatz** **+ etwas für die Form**
50 g	**Puderzucker**
	Salz
250 g	**Mehl** **+ etwas zum Bearbeiten**

Für den Belag:

500 g	**Aprikosen**
100 g	**Zucker**
½ TL	**Chiliflocken**
30 g	**veganer Butter-Ersatz**

Außerdem:

2 EL	**Mandelblättchen**

1 Für den Teig die Butter in kleinen Stücken, den Puderzucker, 1 Prise Salz, das Mehl und 3 EL eiskaltes Wasser in eine Schüssel geben. Zuerst mit den Knethaken des Handmixers, dann mit den Händen zügig zu einem glatten Teig verkneten. Den Teig zu einem flachen Kreis formen und in Frischhaltefolie gewickelt mindestens 1 Stunde kalt stellen.

2 Für den Belag die Aprikosen waschen, halbieren und entsteinen. Für das Karamell den Zucker in eine Pfanne geben und bei mittlerer Hitze zu goldbraunem Karamell schmelzen lassen. Dabei erst rühren, wenn der Zucker am Rand zu schmelzen beginnt. Den Boden einer ofenfesten gusseisernen Form (24 cm Ø; alternativ eine Pfanne mit ofenfestem Griff) mit Backpapier auslegen. Chiliflocken und Butter zum Karamell geben. Butter schmelzen lassen und mit dem Karamell zu einer glatten Masse verrühren. Das Karamell in die Form geben und darin gleichmäßig verteilen.

3 Den Backofen auf 200 Grad vorheizen. Die Aprikosen mit der runden Seite nach unten dicht an dicht in die Form (oder Pfanne) auf das Karamell setzen. Den Teig auf einer bemehlten Arbeitsfläche auf ca. 28 cm Ø ausrollen. Über die Aprikosen legen und den Rand fest an die Form drücken. Den Teig mehrfach mit einer Gabel einstechen. Die Tarte im heißen Ofen auf der 2. Schiene von unten 30–35 Minuten backen.

4 Die Mandelblättchen in einer beschichteten Pfanne ohne Fett rösten und auf einem Teller abkühlen lassen. Die Tarte aus dem Ofen nehmen, ca. 15 Minuten auf einem Kuchengitter abkühlen lassen. Danach vorsichtig stürzen und mit Mandelblättchen bestreut servieren. Dazu passt geschlagene Schlagcreme.

ZUBEREITUNG	UTENSILIEN	ANZAHL	NÄHRWERTE
ca. 1 Stunde + Wartezeit	gusseiserne Form, Handmixer, Backpapier, beschichtete Pfanne	16 Stücke	pro Stück ca. 184 kcal, 2 g E, 9 g F, 24 g KH

TIRAMISU

– MIT CASHEWKERNEN UND AMARETTO –

FÜR 16 STÜCKE

Für die Creme:

300 g	**Cashewkerne**
100 ml	**Mandeldrink**
4 EL	**Ahornsirup**
200 ml	**veganer Skyr**
60 g	**Puderzucker**
2 EL	**veganer Amaretto**
200 ml	**vegane Schlagcreme**
1 Pckg.	**Sahnefestiger**

Für die Löffelbiskuits:

150 g	**Mehl**
30 g	**Speisestärke**
3 TL	**Weinstein-Backpulver**
60 g	**Zucker**
1 Pckg.	**Vanillezucker**
	Salz
60 g	**weicher veganer Butter-Ersatz**
150 ml	**Mandeldrink**

Außerdem:

150 ml	**starker Espresso, abgekühlt**
60 ml	**veganer Amaretto**
2 EL	**Kakaopulver**

HINTERHER

① Am Vortag für die Creme die Cashewkerne in reichlich kaltem Wasser einweichen und über Nacht stehen lassen.

② Für die Löffelbiskuits 3 Bögen Backpapier in Blechgröße bereitlegen. Backofen auf 200 Grad vorheizen. Mehl, Stärke und Backpulver in eine Rührschüssel sieben, dann Zucker, Vanillezucker und 1 Prise Salz untermischen. Butter und Mandeldrink hinzufügen. Alles mit den Quirlen des Handmixers in ca. 2 Minuten zu einem glatten Teig verrühren. In einen Spritzbeutel mit mittelgroßer Lochtülle füllen und auf die 3 Backpapiere ca. 45–50 Streifen (je 8 cm lang und 2 cm breit) spritzen. Backpapiere nacheinander auf ein Blech ziehen und im heißen Ofen auf der mittleren Schiene ca. 7 Minuten backen. Löffelbiskuits auf den Backpapieren auf Gittern abkühlen lassen.

③ Für die Creme die Cashewkerne abgießen. Die Kerne mit dem Mandeldrink und Ahornsirup in einem Mixer sehr glatt pürieren. Dann mit Skyr, Puderzucker und Amaretto verrühren. Schlagcreme und Sahnefestiger steif schlagen und unterheben.

④ Zum Tränken Espresso und Amaretto verrühren. Die Löffelbiskuits vom Backpapier lösen. Eine Form (ca. 25 x 25 cm) mit ⅓ der Biskuits auslegen, ⅓ der Espresso-Mischung gleichmäßig mit einem Pinsel darauf verteilen. ⅓ der Creme darauf verstreichen, mit ⅓ der Biskuits belegen und mit ⅓ der Espresso-Mischung tränken. Erneut ⅓ der Creme, restliche Löffelbiskuits und Espresso-Mischung darüber schichten. Mit übriger Creme bestreichen. Zugedeckt mind. 5 Stunden kalt stellen, besser über Nacht. Mit Kakaopulver bestäubt servieren.

ZUBEREITUNG	UTENSILIEN	ANZAHL	NÄHRWERTE
ca. 1 Stunde + Einweich- und Kühlzeit über Nacht	Backpapier, -blech, Schüssel, Handmixer, Mixer, Spritzbeutel, quadratische Form	16 Stücke	pro Stück ca. 274 kcal, 5 g E, 15 g F, 29 g KH

Ein weiteres Rezept für veganen
Zitronenkuchen gibt's hier:
edeka.de/zitronenkuchen-vegan

ZITRONENKUCHEN

– MIT FROSTING –

FÜR 14 STÜCKE

60 g	**Dinkelmehl (Type 630)**
30 g	**Kartoffelstärke**
4 TL	**Weinstein-Backpulver**
1 TL	**Natron**
150 g	**Zucker**
160 ml	**Sojadrink**
160 g	**Sojaghurt**
160 ml	**Rapsöl**
3 TL	**fein abger. Bio-Zitronenschale**
160 ml	**Zitronensaft**
1 TL	**Vanillepaste**
2 TL	**Apfelessig**
80 g	**Puderzucker**
150 ml	**vegane Schlagcreme**
1 Pckg.	**Sahnefestiger**
150 g	**veganer Frischkäse-Ersatz**
1	**Bio-Zitrone in dünnen Scheiben**

1 Für den Kuchen eine Kastenform (30 cm Länge) mit Backpapier auslegen. Den Backofen auf 175 Grad vorheizen.

2 Mehl, Stärke, Backpulver und Natron in eine Schüssel sieben und dabei mischen. Dann den Zucker hinzufügen und untermischen. Sojadrink, Sojaghurt, Öl, 2 TL Zitronenschale, 80 ml Zitronensaft, Vanillepaste und Apfelessig mit dem Schneebesen in einer großen Rührschüssel gut verrühren. Mehl-Mischung dazugeben und nur kurz mit dem Schneebesen unterrühren, sodass die Zutaten sich gerade so verbinden.

3 Den Teig in der vorbereiteten Form verstreichen. Die Form mehrfach auf die Arbeitsfläche stoßen, um mögliche Luftblasen zu entfernen. Im heißen Backofen auf der untersten Schiene 50–55 Minuten backen, dabei nach 25 Minuten mit einem kleinen Messer in der Mitte längs leicht einschneiden. Den Kuchen aus dem Ofen nehmen und ca. 10 Minuten in der Form abkühlen lassen. Dann vorsichtig aus der Form lösen und auf ein Gitter setzen.

4 Zum Tränken 2 EL Puderzucker und 50 ml Zitronensaft glatt verrühren. Den Kuchen mehrfach mit einem Holzspieß einstechen und die Zitronensaft-Mischung über den Kuchen träufeln. Den Kuchen danach vollständig abkühlen lassen.

5 Für das Frosting die Schlagcreme mit Sahnefestiger steif schlagen. Frischkäse, restlichen Puderzucker, übrige Zitronenschale und übrigen Zitronensaft verrühren. Die Schlagcreme unterrühren. In einen Spritzbeutel mit Lochtülle füllen, auf den Kuchen spritzen und mit den halbierten Zitronenscheiben garniert servieren.

ZUBEREITUNG	UTENSILIEN	ANZAHL	NÄHRWERTE
ca. 90 Minuten + Wartezeit	Kastenform, Schneebesen, große Rührschüssel, Holzspieß, Spritzbeutel	14 Stücke	pro Stück ca. 329 kcal, 6 g E, 17 g F, 37 g KH

FROZEN SOJAGHURT

FÜR 6 PORTIONEN

400 g	**TK Himbeeren (aufgetaut)**
2 EL	**Kokosöl (zerlassen)**
120 ml	**Kichererbsenwasser**
½ TL	**Weinstein-Backpulver**
60 g	**Puderzucker**
500 g	**Sojaghurt**
200 g	**frische Himbeeren**

Die restlichen Himbeeren als Beilage für die Waffeln verwenden: **S. 28**

1 Die TK-Himbeeren im Mixer fein pürieren und dann durch ein Sieb streichen. Das Fruchtpüree mit dem zerlassenen Kokosöl vermischen.

2 Kichererbsenwasser und Backpulver mit den Quirlen des Handmixers ca. 7 Minuten zu einem cremigen Schnee schlagen. Den Puderzucker zugeben und weitere ca. 5 Minuten schlagen, es muss dabei ein sehr fester Schnee entstehen. 300 g Sojaghurt mit einem Spatel unter den Schnee heben, dann das Püree unterheben.

3 Die Masse in eine mit Frischhaltefolie ausgelegte Form streichen und mindestens 5 Stunden einfrieren. Vor dem Servieren kurz antauen lassen, zu Kugeln abstechen und mit frischen Himbeeren sowie übrigem Sojaghurt servieren.

ZUBEREITUNG	UTENSILIEN	ANZAHL	NÄHRWERTE
ca. 30 Minuten + Gefrierzeit	Mixer, Sieb, Handmixer, Frischhaltefolie, Form	6 Portionen	pro Portion ca. 154 kcal, 5 g E, 6 g F, 18 g KH

PANNA COTTA

FÜR 6 GLÄSER

1	Vanilleschote
6 g	Agar Agar
400 ml	vegane Schlagcreme
2 EL	helles Mandelmus
25 g	Puderzucker
250 g	Sojaghurt
400 g	Erdbeeren
2 EL	Zitronensaft
2 EL	Ahornsirup
	Melisseblättchen

1 Für die Panna cotta die Vanilleschote längs aufschneiden und das Mark herauskratzen. Agar Agar und Schlagcreme in einem Topf gut verrühren. Vanilleschote und -mark, Mandelmus und Puderzucker unterrühren. Unter Rühren zum Kochen bringen und offen ca. 5 Minuten bei milder Hitze köcheln lassen, dabei mehrfach umrühren.

2 Die Masse in eine Schüssel füllen, die Vanilleschote entfernen und den Sojaghurt gut unterrühren. Vanillecreme in 6 Gläser füllen, abkühlen lassen und dann zugedeckt mindestens 3 Stunden kalt stellen, besser über Nacht.

3 Für die Fruchtsauce die Erdbeeren waschen und putzen. 200 g Erdbeeren mit Zitronensaft und Ahornsirup im Mixer fein pürieren. Übrige Beeren in dünne Scheiben schneiden. Jeweils etwas Sauce und die Erdbeerscheiben auf die Gläser verteilen. Mit Melisseblättchen garnieren. Dazu die restliche Fruchtsauce extra servieren.

ZUBEREITUNG	UTENSILIEN	ANZAHL	NÄHRWERTE
ca. 30 Minuten + Kühlzeit	Mixer	6 Gläser	pro Glas ca. 199 kcal, 3 g E, 14 g F, 15 g KH

„CHOCOLATE"-CHIP-COOKIES

FÜR 20 STÜCK

- 100 g vegane Zartbitterschokolade
- 200 g Mehl • 3 EL Backkakao
- 1 TL Weinstein-Backpulver
- 200 g weicher veganer Butter-Ersatz
- 50 g Zucker • 50 g brauner Zucker
- Salz • 1 TL Vanillepaste

1 Für die Cookies die Schokolade hacken. Mehl, Kakao und Backpulver mischen.

2 Den Backofen auf 180 Grad vorheizen. Die weiche Butter, beide Zuckersorten, ¼ TL Salz und die Vanillepaste mit den Quirlen des Handmixers sehr cremig rühren. Die Mehl-Mischung und 60 g gehackte Schokolade kurz unterrühren.

3 Den Teig mit einem kleinen Eisportionierer oder 2 Esslöffeln zu ca. 20 Portionen abstechen, diese auf 2 mit Backpapier ausgelegte Backbleche setzen und flach drücken. Mit der restlichen Schokolade bestreuen. Im heißen Ofen auf der mittleren Schiene 11–12 Minuten backen. Die „Chocolate"-Chip-Cookies auf den Blechen abkühlen lassen.

ZUBEREITUNG: ca. 35 Minuten + Abkühlzeit
NÄHRWERTE: pro Stück ca. 159 kcal,
2 g E, 10 g F, 15 g KH
UTENSILIEN: Rührschüssel, Handmixer, Eisportionierer, Backbleche, Backpapier

PEANUT-BUTTER-COOKIES

FÜR 20 STÜCK

- 80 g geröstete und gesalzene Erdnüsse
- 200 g Mehl • ½ TL Weinstein-Backpulver
- Salz • 120 g weicher veganer Butter-Ersatz
- 60 g crunchy Erdnussbutter
- 80 g feiner Rohrohrzucker
- ¼ TL Zimtpulver • 80 ml Sojadrink

1 Den Backofen auf 180 Grad vorheizen. Die Erdnüsse hacken. Mehl, Backpulver und 1 Prise Salz in einer Rührschüssel mischen. In einer 2. Schüssel die Butter, die Erdnussbutter, Zucker und Zimt mit den Quirlen des Handmixers gut verrühren.

2 Mehl-Mischung und Sojadrink kurz unter die Erdnussbuttermasse rühren, dann 50 g gehackte Erdnüsse kurz untermischen.

3 Den Teig mit 1 kleinen Eisportionierer oder 2 Esslöffeln zu 20 Portionen abstechen, diese auf 2 mit Backpapier belegte Backbleche setzen und etwas flach drücken. Mit den restlichen Erdnüssen bestreuen. Die Bleche nacheinander in den heißen Ofen schieben und die Cookies auf der mittleren Schiene 11–12 Minuten backen. Auf den Blechen abkühlen lassen.

ZUBEREITUNG: ca. 40 Minuten + Abkühlzeit
NÄHRWERTE: pro Stück ca. 136 kcal,
3 g E, 8 g F, 12 g KH
UTENSILIEN: Rührschüsseln, Handmixer, Eisportionierer, Backbleche, Backpapier

HINTERHER

„CHOCOLATE"-
CHIP-COOKIES

PEANUT-
BUTTER-
COOKIES

REGISTER

REGISTER

IMPRESSUM

VERLAG & HERAUSGEBER

EDEKA Media GmbH
New-York-Ring 6, 22297 Hamburg
Geschäftsführung
Markus Mosa, Rolf Lange
Gesamtleitung
Nico Schiller-Claussen,
Carolin Vosberg
Projektmanagement
Lara Debora Kortbrae
www.edeka.de

REDAKTION & GESTALTUNG

C3 Creative Code and Content GmbH
Redaktion Götz Poggensee
Text Oliver Willmer, Judy Born,
Roland Rödermund
Lektorat Michael Svetchine,
Gabriele Gugetzer
Projektmanagement Nina Ziebell
Artdirection Chiara Kleinke
Fotografie Silke Zander
**Rezeptentwicklung und
Foodstyling** Marcel Stut, Anne Haupt
Styling Anka Rehbock
Zusätzliche Fotos Gulliver Theis (S. 9),
Ulrich Schaarschmidt (S. 15)
Bildredaktion Simone Gutberlet
Lithografie Giesick | Medien Produktion

DRUCK & VERARBEITUNG

Mohn Media Mohndruck GmbH
Carl-Bertelsmann-Str. 161 M
33311 Gütersloh

Copyright © 2022 EDEKA Media GmbH

ISBN 978-3-9818005-7-9
1. Auflage 2022

MIX
Papier aus verantwortungsvollen Quellen
FSC® C011124

AUCH ERSCHIENEN

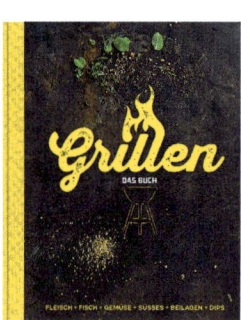

GRILLEN – DAS BUCH

SELBSTGEMACHT – DAS BUCH

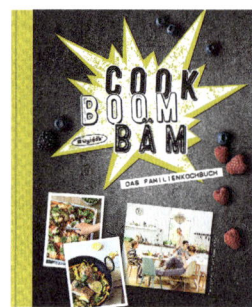

COOK BOOM BÄM – DAS FAMILIENKOCHBUCH

BACKEN – DAS BUCH

ALLES VEGETARISCH – DAS BUCH

KOCH DICH FIT – DAS KOCHBUCH VOM OLYMPIA TEAM DEUTSCHLAND

HEIMKOMMEN – SO SCHMECKT ZUHAUSE